中東の国
クウェートへ

しんまい
大使夫人の目から見たクウェート

辻原恵里子

日本文教出版

はじめに

　夫が特命全権大使として２０１２年10月末から２０１５年10月末までの３年間、在クウェート日本大使館に勤務することになり、妻の私も同行いたしました。

　夫は国土交通省（旧建設省）の出身で外務省出身ではありません。プロフェッショナルな外交官ではないのです。もう30年ほど前となりますが、３年間外務省に出向し、在フランスの日本大使館に一等書記官として勤務する機会があり、私は当時１歳の長女を連れて、パリに同行しました。パリ滞在中は子供が１歳から４歳と、育児で忙しい時期でした。

　現地では当時、パリという場所柄でしょうか、夫は次から次へと来る視察団などのお世話に忙しく、建設省関係の仕事や経済協力開発機構（ＯＥＣＤ）関係の会議で来られる出張者を自宅にお招きすることも多く、ランチや夕食でもてなすことが私の大きな仕事でした。

旧建設省はドメスティックな省庁ですので、結婚した時には名古屋（地方建設局）、その後関東（地方建設局）、本省に数年勤務の後、鳥取県庁へ出向となり、長女と、生まれて半年の次女を連れて鳥取へ引っ越しました（長女はパリ、東京、鳥取と三つの幼稚園に通いました）。その後、再び東京の本省で勤務しました。

そして夫は１９９９年から長崎県副知事として4年間赴任いたしました。長女が既に私立高校に進学していたので、単身赴任です。私は、時々の県庁主催の催しや知事夫人開催の行事などのため、東京と長崎を往復しておりました。

そして国土交通省退官後、独立行政法人「日本高速道路機構」に勤務していた時に、この大きな責任ある任務のお話をいただいたのです。アラビア語はもちろん、私は英語もまともに話せないまま、夫とともにクウェートに赴任しました。

２０１２年10月末、アラブ首長国連邦（ＵＡＥ）のアブダビ経由でクウェート空港に到着しました。外に出た時の熱風には驚きました。日本を出発した時には秋も深まっていたのに、ここでは未だおそらく35℃ほどの暑さでした。

本書には、３年間にわたるクウェートでの大使夫人としての生活の中で見聞した出来事をまとめました。本書を多くの方々に読んでいただくことで、日本とクウェート、更には湾岸諸国との間の相互理解の一助になれば幸いです。

もくじ

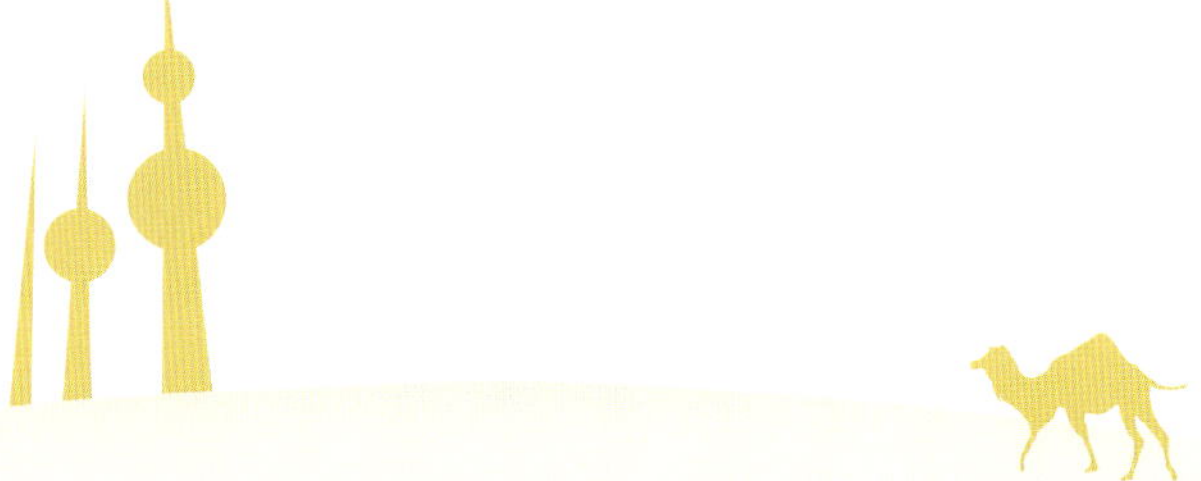

第1章　クウェートという国

ラクダのレース

クウェートの自然

クウェートは、アラビア半島の付け根にあり、ペルシア湾（アラビア湾）の一番奥に位置しています。ペルシア湾岸諸国が加盟する湾岸協力会議（ＧＣＣ）の構成国で、北はイラク、南はサウジアラビアに接しています。

国土面積は１万８０００平方キロメートルほど、ちょうど四国くらいの広さです。地形は、山、丘陵などはなく全くの平坦な地形で、その下には膨大な石油が眠っています。

クウェートの位置

クウェートの気候

中東の砂漠地帯に位置するクウェートでは、1年を通じてほとんど雨が降りません。しかし、私たちが滞在していた3年間、3月～5月頃には雨にも遭遇しました。クウェートでは排水設備が整備されていないなど、雨対策はできておらず、降雨量が多いと道路が冠水するということも起こります。

首都クウェートは砂漠の上に作られた都市です。砂漠地帯ではありますが、水さえ与えれば暑さに強い植物を育てることができるので、街には街路樹や生垣・花などもあります。また、郊外には立派なゴルフ場もあります。

灼熱の夏

クウェートでは、3月～10月頃までは気温が40℃～50℃を越える暑さになります。炎天下を歩くのは

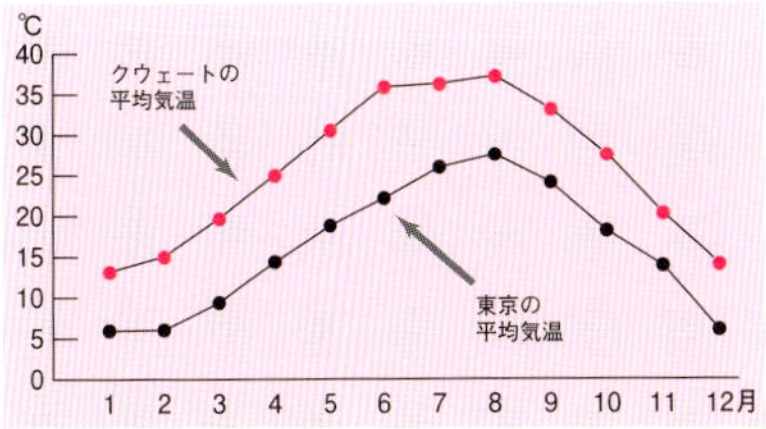

クウェートの気温

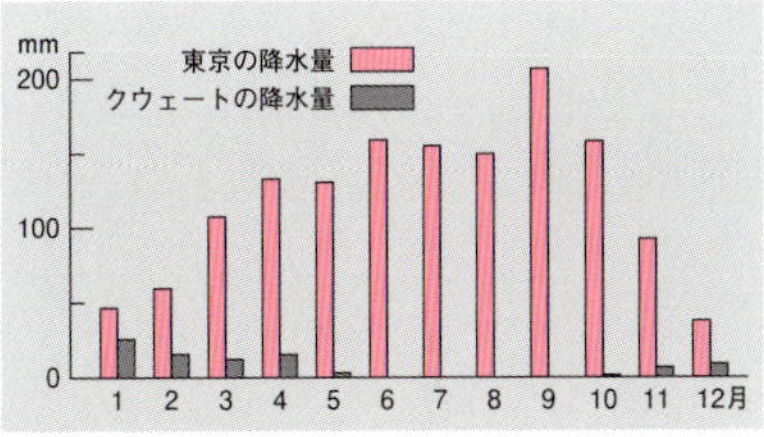

クウェートの降水量

クウェートの砂漠

かなり辛いどころかもはや危険です。一度チャレンジしてみましたが、5分間耐えるのが限界でした。日本の暑さが「蒸し風呂」なら、湿度が低いこちらでのそれは「電子レンジ」といったところでしょうか。日光に晒されている車など、金属に触れるとやけどすることもありますので、注意しなければなりません。

日没後、午後9時頃でもなかなか温度が下がらず、40℃ぐらいあるのは当たり前でした。エアコンからの熱風が原因の都市型気候となり、夜も気温が下がらないのかもしれません。

少し涼しい冬

しかし、12月末～2月初旬頃まではいわゆる「冬」。1月には、朝10℃以下に冷える日もたまにあります。冬でも日中は20℃を越えますが、30℃には届きません。ほんの短い期間ですが、快適な季節となります。冬には、出勤する朝6時には車にヒーターを入れて、帰宅する夕方4時には冷房を入れることもあります。寒暖の差が大きい時期でもあるのです。冬場はより乾燥していますので、室内のドアノブを触るだけでびっくりするくらいの静電気が起こりますし、人と人との間でもバチッという音がしたりして驚くことがあります。

ヨーロッパの人たちは日光を求めて暑い夏を好みますが、こちらの人たちは逆に肌寒さを好みます。涼しい季節には、屋外で食事会が開かれることも珍しくありません。道行く人の服装を見ても、女性はここぞとばかりにブーツや厚手のコートを着て、肌寒さを楽しんでいるように見えます。

砂嵐

クウェートでは砂嵐が頻繁に到来します。長く住む人にはヨルダン方面からの砂だとか、サウジアラビアからの砂だとか見分けがつくようです。風向きからわかるのかもしれません。

砂嵐が来ると、日中でも暗くなります。また、あっという間に砂が服にも積もるので、外出は避けた方が良いようです。砂嵐の後には、部屋にもエアコンを通じて砂が入り込んでくるので、掃除が大変です。

砂嵐の到来

クウェートの歴史

クウェートは、16世紀ごろ版図を拡大していたオスマン帝国のバスラ（現在のイラク南部の都市）に置かれた総督府の支配下に入りました。

しかし、その後、クウェート中興の祖とも言われているサバーハ家のムバラク大首長は、中東への勢力拡大を図っていたイギリスに寝返り、1899年にイギリスの保護領となりました。

その後、クウェートは1961年にイギリスから独立します。

独立記念日に配られたお菓子の詰め合わせ

言語、宗教

クウェートの公用語はアラビア語です。しかし、街の店舗などではインド人やフィリピン人など英語を話す人が多く働いているので、一歩家から出れば英語も日常的に使われています。

クウェートでは旧宗主国イギリスの影響もあり、英語教育を小さい頃から始めるので、ほとんどの人が美しい英語を話します。そのため、日本人がその場に居合わせたりすると、たとえ家族同士であっても、全員が英語で話し始めてくれるのです。

宗教はイスラム教で、スンニ派が70%、シーア派が30%ですが、クウェートでは他国とは違い、この二つの派の関係は「例外的に」良いとされています。

クウェートの民族

クウェートは土着の漁民や海商であった人々（ヨーロッパとアジアの中継貿易を行っていた）と、もとはサウジアラビアの遊牧民で、後にペルシア湾岸に定住した人々から成り立っています。そのため、文化面でも海の民のものと陸の民のものとが混ざり合っています。立派な海洋博物館がある一方で、週末を砂漠のテントで過ごす人々がいるのも、そのような国民の成り立ちからきているのだと思います。

クウェートの人口は430万人ほどで、その約3割である約130万人がクウェート人です（2016年）。それ以外はエジプト人、インド人、バングラデシュ人、スリランカ人、フィリピン人、シリア人、レバノン人などの外国からの出稼ぎ労働者です。街で目にする労働者の中にクウェート人はほとんどいません。

クウェート大使公邸の厨房へ大パーティーのためにホテルから派遣されてきた料理人たち。インドやバングラデシュなどの出身者が多い。

クウェート人の約9割が公務員か石油関係の企業に勤めています。どうもクウェート人は、地味な労働は出稼ぎ外国人がするもので、自分たちがするものだと思っていないようです。

自国人には優し過ぎる国

クウェートという国は、クウェート人にはとても優しい国です。医療費は公立病院では無料で、子供は第5子まで1人あたり月々約5万円の手当がもらえます。

大学生の授業料は留学も含めてすべて政府が支払う上、お小遣いも月々8万円ほど出ます。全くうらやましい限りです。大学を出た若者は公務員や石油関係の企業を目指します。しかし、競争率も高く、希望のところに就職できない場合にも失業手当として月々20万円ほどが支給されます。

50歳を越えた専業主婦にも月々20万円ほどの手当が支給されています。2月26日のイラクからの解放記念の日には、国民に1人あたり30万円ずつ国から贈られたこともあります。

また、驚くことに配給のような制度もあります。豆類、米、ミルク、鶏肉などは、欲しい時に国営のマーケット（CO-OP）で受け取っているようです。

これらの制度は外国人には全く適用されません。このクウェート人に優しい政策は原油価格下落の中、そして石油が有限な資源であるという性格上、一体いつまで続くのかと心配になります。

無国籍の民ビドゥーン

クウェートには、クウェート人や出稼ぎの外国人のほかに、国籍を持たないビドゥーンと呼ばれる人々がいます。彼ら（彼女ら）は建国時にクウェートの砂漠地帯に住んでいたのですが、何らかの理由で国籍の取得を拒否したか積極的に国籍取得に協力しなかったために、クウェート人になれなかった人

コラム

クウェートの留学事情

クウェートには国立のクウェート大学のほか、私立の理工系大学一つと、イギリス・アメリカ・オーストラリアなど外国系の大学が幾つかあります。しかし、若者の数はどんどん増えていますので、これではとても大学教育が追いつきません。新規の国立大学構想もありますが、なかなか進んでいない状況です。この結果多くの若者が海外の大学に留学することになり、その数は年に約５０００人にまで達しています。

留学先は英語圏がほとんどで、イギリスが最も多く、続いてアメリカでしたが、最近は両国が留学先の国として拮抗しています。留学生には手厚い手当が出るため、ほとんど留学のための自己負担は無いに等しいのはうらやましい限りです。５０００人もの留学生が国外に出ているのに、日本にはほとんど来ていないということは、言葉の問題があるにせよ、とても残念なことです。

たちです。その数は正確には発表されていませんが、10万人に及ぶのではないかとも言われています。

時代が変わり、クウェート人が国から手厚い保護が受けられるようになったのを見て、彼らの間で不公平感が高まっています。クウェートにはこのようなビドゥーンが多く住む地域があり、時々国籍付与を求めて激しいデモがあります。クウェートでは無許可のデモは厳しく罰せられますので、多くの逮捕者が出ます。政府も国籍付与には慎重で、その数も増えてはいますが、少数にとどまっています。

クウェート侵攻

イラク大統領だったサダム・フセインが「クウェートは本来イラクの領土の一部であり、イギリスにより不当に分離されたものである」と主張して、１９９０年８月２日にイラク軍が侵攻し、クウェートは一時イラクの占領下に置かれました。

その後、この軍事侵攻について国連で非難決議が出され、１９９１年1月、アメリカを中心とした多国籍軍とイラクとの間でいわゆる「湾岸戦争」が勃発します。この戦いは１か月余りで終結し、同年２月26日、クウェートはイラクによる占領から解放されました。

クウェートではこの２月26日が解放記念日（祝日）とされています。

湾岸戦争では、アメリカ・イギリスを中心とする多国籍軍がクウェートを占領していたイラク軍を陸海空から攻撃しました。一方、軍事協力のできない日本は１３０億ドルという資金を拠出するとともに、自衛隊を派遣してペルシア湾で機雷の除去と処

イラク軍の侵攻時に破壊されたファイラカ島の建物。ペルシア湾に浮かぶリゾート地だったが、破壊の限りを尽くされ、修復もなされていない。

理を行いました。当時日本では「お金だけを拠出」と批判めいて言われましたが、金銭的援助とともにこの機雷除去についても、クウェート国民からは大変感謝されています。

1991年1月末、イラク軍が敗走する際クウェートの700にも及ぶ油井（油田）に放火して大規模な火災となりました。また、多くの油をペルシア湾に流出させました。その映像は印象に残るものでした。その後、国際的な協力のもとに約10か月かけて懸命な消火活動がなされ、そのすべてが鎮火されました。この時の様子を写したドキュメンタリー映画は、私たちの滞在中もクウェート市内の映画館で週に1回放映されていました。

湾岸戦争後、懸命な復旧・復興の努力により、10年ほどでクウェートの街は元の姿を取り戻し、今では、クウェートの中心部には驚くほどモダンな高層ビルも立ち並んでいます。

イラクからの戦後補償も終わり、見事な復興を果たしたクウェート。

「戦争は終わったこと。多くのものを失ったが、我々は見事な復興を果たした。恨んでも意味がない。指導者が悪かったのであり、イラク国民には責任はない。イラクとは隣国だし、仲良くすべきだ」と私の友人も言っているように、イラクを憎んだり恨んだりする雰囲気はあまり感じません。

クウェート人ならではのおおらかさなのでしょうか。占領中の略奪など残酷な話も聞きましたが、声高にイラクを批判するようなことはあまり聞きませんでした。

立ち並ぶ高層ビル

クウェート市の概観

クウェート旧市街の中心部

産油国クウェート

日本でクウェートの印象を尋ねると、多くの人から、「石油の産出国」「お金持ち」という言葉が返ってきます。その通りで、クウェートの経済はほぼ100％石油に頼っています。

クウェートでは1938年に石油が掘り当てられ、その後1950年頃から、原油を輸出するようになり、それが国の収入源となりました。しかし、今は原油安なので、私たちが赴任した頃のピーク時（1バーレルが100米ドルを超えていた）に比べると、石油収入は半分くらいになっています。

産油国になるまでのクウェート経済を支えていたのは、中継貿易のほか、ペルシア湾（アラビア湾）での漁業でした。また、ペルシア湾では天然真珠を採っていて、それが大きな収入源となっていました。当時の写真が残っていますが、とても今のような裕福な雰囲気ではありません。頼りにしていた真珠採りも、日本のミキモト養殖真珠が市場に出るようになり、衰退していったそうです。少し皮肉にも思われる、日本とクウェートとの関係です。

さて、国連の統計によると、2014年のクウェートの国内総生産（GDP）は約1726億ドルで、静岡県とほぼ同じ規模です。同年の1人当たりGDPは4万3200ドルであるとされています。

原油の生産量は1億6000万kLで世界第9位（2015年）、輸出量では世界第6位（2013年）です。また、埋蔵量は、統計によって多少異なりますが、こちらも世界第7位になっています（2014年）。

クウェートの石油埋蔵量は人口に比べて大きく、現在の生産量と埋蔵量を前提にすると、100年は

クウェートの油田

クウェートの国営石油会社（クウェート・オイルカンパニー）

資源が枯渇することはないと言われています。このような産油国は他にはありません。

クウェートの石油は硫黄分の多い、いわゆる重質油で、決して質は高いとは言えませんが、深く掘らなくても比較的簡単に原油が噴出するので、原価が他の産油国に比べてかなり安いものとなっています。したがって、原油価格が下がっても他の国に比べるとクウェートは恵まれている方だそうです。

レンティア国家

クウェートは、学問上「レンティア国家」と呼ばれています。レンティア国家とは、天然資源の収入など、国家に直接的に流入する利益に依存する国のことをいいます。

私たちの赴任中には、レンティア国家について研究されている宇都宮大学の松尾昌樹教授がクウェートの最新の状況について調査・研究するために来られて、大学関係者や実務家などと交流されました。良い機会なので公邸に来ていただいてお話をお聞きすることができました。「資源のない日本がもし突然天然資源を持ったら、一体私たちはどのような道を辿ることになるのだろうか」ということを改めて自問する良い機会となりました。

クウェートの電気と水

クウェートでは、１９７０～１９８０年代に日本企業の手によって作られた発電所が今も稼働しています。最近大規模な新しい発電所ができるまでは、電力の約９割がこのような古くにできた発電所に依存していました。また、クウェートでは、水もこれらの発電所で、石油を燃やすことで作られているのです。

「石油で水を作るって、何ともったいないことを」と考える方も多くおられるのではないかと思いますが、これが意外と無駄がないのです。発電するために海水を取り入れ、これを石油で加熱して水蒸気を発生させ、水蒸気の力でタービンを回して発電します。この水蒸気を回収して熱を冷ますと蒸留水が得られるのです。つまり、石油を使って電気と水を同時に得ることができるというわけです。ちなみに、蒸留水はそのまま飲むとおいしくないし、飲み続けると体にも良くないそうです。そのため、回収された蒸留水にはミネラル分が添加されます。

蒸留水ですから水質には問題がないと思いきや、そうでもありません。問題は水の貯留や配管にあるようです。クウェートに来ると、すぐ目に入ってくるのがＵＦＯのような給水塔です。そこに水を貯めておき、給水管を使って必要なところに配給するのです。

UFO のような給水塔

この給水塔や配管の管理が悪いと水質も悪くなるのです。そのような理由もあって、クウェート人も私たちも飲み水はミネラルウォーターを買います。

クウェートは車社会

クウェートは潤沢な産油国なので、ガソリン代はとても安くて1リットル＝約20円です。また、クウェート人には、全く省エネという意識がありません。ガソリンばかりでなく、電気代や水道代も安いので「エコ」という感覚について話しても「それは何？」という感じです。

鉄道も地下鉄もないこの国では、車が唯一の移動手段です。公共交通機関としては路線バスがあり、料金は一律40円程度ととても安いのですが、古くて汚く、乗っているのは外国からの労働者ばかりです。

クウェート人は驚くほど立派な高級車に乗っています。そして家族1人に車1台というのが珍しくありません。乗っているのは大型車がほとんどです。もちろん、それだけ裕福だということもあるのでしょうが、クウェートの夏の猛烈な暑さを考えると、冷房機能の高い大型高級車が好まれるのもある意味当然かなと思われます。

車の販売は代理店方式のため、日本のメーカーは直接販売していませんが、トヨタ車やほかの日本車も多く見られます。日本メーカー以外では、メルセデスやＢＭＷ、アメリカ車のほか、最近では韓国車も多くなりました。このような高級車ひしめくクウェートで、ラグジュアリーカーの中で一番の人気がトヨタレクサスであるということは、日本人として少し鼻が高い気がします。

人口増加の続くクウェートでは、高速道路は比較的良く整備されているとはいえ、年々渋滞が激しくなってきています。通勤時や学校の送迎時には本当にひどい状態になります。このため、地下鉄網の整備が検討されています。これが慢性的な渋滞解消に繋がれば良いのですが。

クウェート人は比較的おっとりした性格の人が多いのですが、車に乗ると性格も変わるのか、運転の荒い人が目立ちます。また、携帯電話を片手にしゃべりながらの運転も少なくなく、事故も多発し、死亡原因の3番目に交通事故死が上がるほど大きな社会問題になっています。

サウジアラビアに向かって砂漠の中を南に下る高速道路から目撃した事故

コラム

道路交通安全のためのバンプ（こぶ）

クウェート市内の一般の道路には、一定の間隔でいたるところにスピード・バンプと呼ばれる隆起があります。ラクダのこぶのようなものです。クウェート人は車に乗るとスピード狂に豹変しますので、安全のために街中の道路にこのようなこぶが設けられているのです。

このようなスピード・バンプのあるところにさしかかると、さすがのクウェート人もスピードを落としますので、交通安全のためには非常に効果的です。時々、考えごとなどをしていて、うっかりこぶの存在を忘れてスピードを出したまま突っ込んでしまったら大変です。車がバウンドして頭をしたたか車の天井に打ち付けてしまいます。クウェートで運転する場合は、このこぶに是非とも注意して下さい。

スピード・バンプ

第2章　クウェートの宗教生活

クウェートの代表的イスラム寺院グランドモスク

ラマダン

　私たちがクウェートに滞在して初めてのラマダンは、２０１３年７月10日からスタートしました。当初、９日から始まると言われていましたが、１日ずれて10日からとなりました。これはイスラム教の専門家が実際に月の満ち欠けを観測して新月を確認するために起こることです。地域が違えば月の満ち欠けの状況も異なるため、国によって開始日が変わることもあります。

　ラマダンとは、ラマダン月にイスラム教徒が日の出から日没までの間、断食することをいいます。イスラム社会は太陽暦ではなく太陰暦（ヒジュラ暦）を使っており、その９か月目にあたるラマダン月に断食をするのがイスラム教徒の義務となっているのです。ラマダンの間は水さえ飲んではならないのです。

クウェートのモスク。床にはアラベスク模様が描かれている。

ラマダン用の食材

もちろん、病人、子供、老人、妊婦、子育て中の女性、生理中の女性、旅行中の人など、断食をしなくてもよい人もいます。しかし、旅行中の人や生理中の女性は、断食しなかった分を、後日改めて行なわなければなりません。

イスラム教徒はこのラマダン月に断食をし、祈ることで罪が許され、天国（緑園）への扉が開くのです。また、断食中はタバコも性行為も禁止されています。

断食といっても日の出前から日没まで

ラマダンの断食は、もともとは貧しくて満足に食べられない人と苦しみをともにするという宗教的行為です。

この時期には就業時間は短縮され、クウェートでは日中すべてのレストランやカフェが閉まります。初めて見たときにはちょっと異様に思いました。普段はにぎやかなショッピングモールですが、ラマダンの期間、日中はシャッター通りとなります。しかし、スーパーマーケットなどはいつも通り開いていて、食材も普段より大量に売られており、日没後に食べる物を買いに来る客でとてもにぎわっています。とはいえ、試食コーナーはこの期間中は設けられていません。

ラマダンはイスラム教の戒律の一つですから、クウェート人であれクウェート人以外の外国人であれ、イスラム教徒（ムスリム）は皆ラマダンを行います。特にクウェートはスンニ派の中でも戒律の厳しい国なので、ほとんどの人がラマダンを行います。

もちろん、ムスリムである外国人労働者も同様です。これに対して非ムスリムにはこのような義務はありませんが、それでも人前では決して食べ物や飲み物を口にしてはならないのです。もし公衆の場で食べたり飲んだりすると罰せられます。罰金3万円または禁固1か月、あるいはその両方だそうです。

イフタール、イード

ラマダンの断食をするために、夜明け前のお祈りの前には消化の良い食事をたっぷり取るそうです。味の濃いものではなく、例えば日本でいうとお粥やおじやのようなものです。さらに水もしっかり取ります。そして夜明け前のお祈りをすませて、断食がスタートするのです。

ラマダンは決して楽なものとは思われませんが、当事者は必ずしも苦行とは考えていません。日没後の食事（イフタール）の楽しみもありますし、飲食の許される夜半には親戚や友人たちが行き来して食事やお茶を楽しみ、いたるところお祭り騒ぎになります。人々は会うと、「ラマダン・カリーム（ラマダンは偉大だ）」「アッラーフ・アクラム（神はもっと偉大だ）」という挨拶を交わします。また、グリーティングカードを送りあうこともします。

ラマダンの夜に人々が家々を行き交う様子は、一昔前の日本の正月の風景のようです。

ラマダンの間は、レストランなどは日中閉められていますが、逆にCO-OPなどのマーケットは夕食のための買い出しで賑わっています。ここでは女性たちが大活躍です。ラマダンの期間のためのご馳走の用意は、1か月も前から始まるということです。日中は飲食をせず夜にご馳走をお腹いっぱい食べるため、ラマダンの終わりにはかえって体重が増えて

ラマダンの夜の食事の例。外国人ムスリム用と思われるが、値段は2.15クウェートディナール（約800円）と結構高い。

集客施設で行われるゲルギャン。子供たちが集まっている。

しまうことも多いそうです。

ラマダンは1か月続きますが、実際には14日目に行われる「ゲルギャン」（子供たちにお菓子を配る行事）までが最盛期で、その後の半月はだんだんと平常に戻っていきます。この後にラマダン後の休暇（イード）を先取りして、外国の別荘に出る人たちも結構います。イード休暇は皆が待ち焦がれていますし、大切な祝日ではありますが、もちろん、どこにいようとラマダン期間中の断食は続けられます。

夏のラマダンは大変

イスラム社会は太陰暦を使っているため、年によってラマダンの時期は少しずつずれていきます。ラマダン月が夏に当たると、昼間が長くなって大変です。

クウェートでは、夏には夜明けが朝の5時頃になります。夜明け前のお祈りの時間は、何と3時過ぎなのです。3時といえば真夜中に思えます。ラマダン中は日が昇っている間に食べなければそれで良いのかと思っていたら、実は夜明け前のお祈りの10分前には、朝食を済まさなければなりません。ですから2時台に朝食を終えて、日没直後のお祈りの夕方7時頃まで、約16時間の断食になります。苦行ではなくても、簡単なことではありません。

エジプト出身の相撲力士である大砂嵐関もラマダンの断食をしながら、一番苦しい時間帯に本場所の取組に臨んでいたと聞いています。また、２０１２年の夏に開催されたロンドンオリンピックでは日程がラマダンと重なり、力を発揮できなかった選手もいたようです。

私たちの滞在中、ラマダンは夏の時期で、子供たちの夏休みと重なるイメージがありました。ラマダンの時期は毎年10日ほどずれていきますので、当然、冬にラマダンを迎えることもあります。冬であれば比較的昼の時間が短くなり、随分と雰囲気が違うのかもしれません。

イスラム教の5回のお祈り

夕暮れのミナレット（モスクの尖塔）

「ラマダン月の断食」はコーランに書かれたイスラム教徒の五つの義務（五行）のうちの一つです。それも含めて、コーランに書かれた五つの義務をご紹介しましょう。

一つ目は、「アッラーのほかに神はなし、ムハンマドは神の使者です」と信仰告白（シャハーダ）をすること。この言葉を常に口にします。

二つ目は1日に5回のお祈り（サラート）を行うこと。

三つ目は「寄付」「喜捨」（ザカート）をすること。

四つ目は、1年に1か月（太陰暦）、ラマダンの断食（サウム）をすること。

五つ目は、メッカ巡礼（ハッジ）をすること（巡礼月にメッカに行ってカーバ神殿で神にお祈りをすること）。毎年メッカ巡礼をするのは無理でも、せめて一生に一度はやりましょうということのようです。

お祈りの方法

二つ目の義務、1日5回のお祈り（サラート）について、もう少し詳しく説明します。
①夜明け前（ファジュル）
②正午から昼過ぎ（ドフル）
③昼過ぎから日没まで（アスル）
④日没直後（マグリブ）
⑤夜（イシャー）
この5回です。

お祈りは、必ずメッカの方向に向かってします。各家庭ではメッカの方向が分かるようにしていますし、ホテルの部屋などにもメッカの方向を示す印があります。外出先でもメッカの方向を知るために、今は携帯アプリがあるとも聞きました。でも、携帯が電池切れだとわからなくなって困るので、その時のために方位磁石を持ち歩いていると、クウェート人の知人は話していました。

祈りの時間はモスクの尖塔（ミナレット）から告げられます。これを「アザーン」と言います。「お祈りの時間ですよ」ということですが、日本のお経より音階があるので、歌のようにも聞こえます。クウェートに来た当初は、早朝のアザーンは目覚ましのように感じました。ちょうどイタリアなどで聞く教会の鐘のような感じです。

1日5回のお祈りができないときには、就寝前にまとめてやっても良いとのことです。エジプト旅行した時に、現地ガイドが「日中は仕事でお祈りができないので、夜まとめてお祈りをする」と言っていました。

そのガイドの額には、お祈りでできたコブがありました。額を床にこすりつけるので、コブができたのです。お祈りをする前には必ず「水」で顔、手、足を洗います。決して石鹸などは使わず「水」で洗うのです。この洗い方にも決まりがあるそうです。

お祈りをするときには、男性は仕事があるので毎日モスクに行くのは大変です。そのため職場にもお祈りの場所（部屋やちょっとしたスペース）がありますし、ショッピングモールにも設置されています（トイレと間違って入ってはいけません）。女性は家でお祈りをすることが多いのですが、その際には白いコットンの服で全身を覆い、自分用の小さなマットの上で行います。

ハッジ

イスラム社会で使われている太陰暦（ヒジュラ暦）での12か月目は巡礼の月です。

イスラム教徒は一生に一度はメッカへのハッジ（巡礼）に行くことを目標とし、夢見ています。ハッジは巡礼月の8日から10日までの間に、「定められた順序と方法」で必ず「集団」で行わなければならないのです。

個人では行くことはできないので、必ずツアーに参加しなければなりません。もちろんツアーにはピンからキリまであるのですが、決して安くはありません。貧しいイスラム教徒は、メッカへの巡礼のために、こつこつ貯金をしていますが、経済的に無理な人たちにまで強制はしておらず、五行の中では「やった方が良い」義務とされています。

巡礼の衣装

巡礼月には、空港には白い布を巻いただけの男性

巡礼の衣装。民族衣装のディスターシャにも見えるが、布を2枚巻いているだけ。

が多くいます。最初は奇異に感じられたのですが、巡礼に行く人たちだったのです。アッラーの下では皆平等という象徴的な意味で、布切れをまとっただけの、同じ純白の服装をするのだと聞きました。この布には縫い目が全くありません。そして、布をまとうためにボタンやピンなどは使っていないそうです。

女性には男性のように決まった巡礼の服装はないのですが、顔以外を隠すアバヤ（頭から体全体を覆う黒いコート）が一般的とのこと。巡礼に発つクウェート人女性と会ったときには、普段から着ているアバヤで出かけるのだと言っていました。

コラム

インドネシアの尖塔《ミナレット》

イスラム教徒が国として世界で一番多いのは、東南アジアのインドネシアです。インドネシアの人口約2億6000万人のうち9割弱がイスラム教徒ですので、実に2億人を超えるイスラム教徒がいることになります。

以前、新聞で「インドネシアのモスクの尖塔にあるスピーカーのほとんどが日本製で、そのメーカーはTOAといい、そのためかインドネシアではスピーカーのことをトーアという。1970年代から売られていて音が大きく、メンテナンスにも手がかからないからというのがその理由」ということが記事になっていました。日本製品の質の高さが評価されているのは嬉しいことです。

クウェートでどうなっているのかは、残念ながら分かりませんでしたが、礼拝の時に使うメッカの方向を正しく指す専用の方位磁石には日本製品もあるそうです。

第3章　家族の絆

ビーチハウス（親族や友人たちが集う週末の別荘）

親族の集まり

クウェート人の家族、親族の絆には大変強いものがあります。週末の金曜日は聖なる日で、多くの男性が正午過ぎにモスクに集まり礼拝を行います。その後、多くの人は金曜日か土曜日に家族あるいは親族での集まりを持ちます。祖父母を中心とした一族の集まりが多いですが、兄弟や姉妹だけでも4~5人くらいいるのが普通なので、大きな集まりになります。親戚の人数も多く、全員の関係を正確に把握するのも難しいためか、いとこも甥っ子や姪っ子もひっくるめて「いとこ」と呼んでいます。

集まりは、ランチだったり、ディナーだったりします。手作りの料理の場合もあるのでしょうが、クウェートはケータリングが発達しています。むしろそんな集まりのためにケータリングが発達したのかもしれません。外から美味しいものを取ったり、手作りを持ち寄ったり、皆で会うことを楽しみます。

ある平日、女性を中心とした一族の集まり（ランチ）に誘われたことがあります。その一族は毎週水曜日に、手作りの料理を持ち寄って集まると言っていました。

食事をしていると、学校を終えて帰ってきた子供たちが参加し、仕事を終えたご主人たちが加わり、その後は子供たちはゲームをしたり、おしゃべりをしたり。大人はサロンでおしゃべりをしながらお茶を楽しみました。

また、主として男性だけの集まり（ディワニア）もあります。

左から４人目が著者、
左端が大使（夫）。

2014年元旦、英語の先生ファウジアの自宅を訪ねたときの写真。長男と三男は石油関係の企業に勤務。二男は医者。四男はアメリカ留学中。長女は高校生（インターナショナルスクール）。

コラム

クウェートのディワニア

クウェートには他の湾岸諸国にはない「ディワニア」（お茶会）の風習があります。サイズはいろいろですが、2000を超えるディワニアがあると言われています。もともとは貿易を生業とする商家がはじめたとされます。海の商人たちは一年の多くを国外で過ごすので、国に帰った時の挨拶や留守中の情報を得るためのものだったそうです。

各家によって開催される曜日が決まっていて、夕方のお祈りが終わってから始まります。誰でも行くことができますが、クウェート人は基本男性だけです。男女一緒のものや、女性だけのものもありますが、数はそれほどありません。

外交団はルール外のようで、女性も入れるそうです。大きな商家のご頭首など、普段会うことが難しい人たちとも会うことができます。アラビックコーヒーを飲みながらお話しして過ごすのですが、長居をしないことがマナーです（15分程度）。

大きな商家でのディワニア。通常はこのように長方形に着席する。後方右側にサバーハ首長、左側にナッワーフ皇太子の写真が掲げられている。

家族・親族を大切にする文化

　クウェートでは、年長者には大変敬意を払います。古い日本の家長制を思わせますが、長老は男性も女性も同等に大切にされています。その集まりでは、一族の長の元に皆が真っ先に挨拶のキスをしに行きます。

　クウェート人にとっては、親族や家族が最も親しい友人のような存在のようです。私の友人であり、英語の先生だったファウジアは、自分が責任ある仕事に就いていて友人と遊ぶ暇もないからかもしれませんが、姉妹だったり、いとこだったりが親友のような存在です。本当に皆とても仲が良いのです。

　彼女の一人娘も同じように親族間で親しく付き合っています。イスラムの国では結婚していない若い男女が一緒に遊びに行くことは許されないので、高校生の娘さんは運転ができるいとこたちと買い物に行ったり、映画に行ったり、ランチに行ったりしています。

　クウェートでは、一族で誰かが困ったときには、金銭的にも惜しみなくサポートするそうです。現在の日本では、残念ながら親族でのお金の貸し借りもトラブルの元になることがありますが、クウェートでは知る限り、返済を全く期待せずにお互いできる限りのサポートをするようなのです。困った人を救うという宗教的「喜捨」の精神なのでしょう。比較的裕福な一族の場合に限られるのでしょうが。

コラム

クウェートの住宅事情

クウェート人の住宅は、ディワニア用の部屋を備えた一戸建てが一般的です。スペースも広く部屋数も多数。使用人の部屋も備えています。つくりもピンからキリまでありますが、日本では豪邸と呼ばれるような住宅がほとんどです。

クウェート国籍を持つ者には、成人して結婚すると、政府から一定額の現物の住宅もしくは建築費が支給されます。ところが、政府にお金はあるのですが、クウェート人は親の家のそばに一戸建てを持ちたがりますので、土地の供給が追い付いていません。このため、3万人にも及ぶウェイティングリストが出来ておらず、事実上この制度は機能しておらず、大きな社会問題となっています。

これに対し、クウェートで働く労働者、特にインド人などは中心街に近い一定の地域の家賃の安い住宅に住んでいて別のコミュニティを形成しています。

クウェートの豪華な邸宅

クウェートの結婚式

イスラム教のこの国では「結婚式（披露宴）」もほとんどが「男女別」です。これにはちょっと驚きました。

男性側

花婿の服装は、床まである白いワンピースのようなディスターシャに、ビシュトと呼ばれる袈裟のようなものを掛けます。ビシュトを着るのは身分が高い人のほか、一般の人でもフォーマルな場に着ていきます。特別に結婚式だからというものではありません。

ホテルなどの会場で、花婿と男性親族が座っているところに客が駆け付け、祝福の挨拶をして握手をして終わりです。2～3時間くらいかけて、花婿と親族は客からそのようなグリーティングを受けます。挨拶が終わると、別の場所で食事が用意されています。食べて帰る人もいますが、挨拶だけで帰る人もいます。男性側の結婚式は割合さっぱりしたものです。

客は特別に品物を持って行ったり、お金を包んだりすることはありません。結婚式の際には持って行かないのが普通のようです。もちろん、親しい間柄ではやっていますが、当日持参するのではなくあらかじめ贈っておきます。

女性側

女性の方は、ホテルなどの大きなスペースで華やかに開催されます。まず入って驚くのは、花で美しく飾り付けられた会場と、花嫁が座る舞台です。舞台に続くように広い花道のようなスペースが作られ

結婚式の招待状

美しい会場

ていて、そこがダンススペースになります。

結婚式の招待状はとても豪華なものです。美しい箱に入れられていたり、香水が付いていたりします。招待状に記された時刻に行くと、いわゆるアラブ時間なのか、まだ人はほとんどいません。1時間くらい過ぎてから人がぞろぞろ集まり始めます。

花嫁が登場するのは開始時間を1時間半ほど過ぎてからでしょうか。親族（女性）に伴われて花道をゆっくり歩き、舞台の椅子に座って美しい花嫁姿を披露します。

花嫁は西洋と変わらないスタイルの美しいウェディングドレスを着ています。友人のファウジアの長男のお嫁さんは、マライア・キャリーやヴィクトリア・ベッカム、ジェニファー・ロペスなども使った有名なニューヨークのデザイナー、ヴェラ・ウォンのウェディングドレスを着ていました。

招待された女性たちもビックリするような美しい

おめかしした子供たち

ドレスやヘアスタイル、メイクで会場に入ってきます。もちろん会場までは首から足までを黒いアバヤですべて隠して、会場の入り口に用意された部屋でアバヤを脱ぎ、ドレス姿となるのです。こんな姿を隠すなんて、なんともったいない！と思ってしまいます。でも、この美しい姿は男性には決して見せられません。夫だけのためのものなのです。もちろん、私のような例外的に入室を許された部外者が写真を撮ることは許されません。他人の目（男性）に触れてしまう可能性があるからです。

そのようなわけで、華やかな女性の姿の写真を掲載できないことは、とても残念です。

会場には、隣の人と会話ができないくらい大きな音で音楽が流れています。大勢の客は真ん中のスペースを囲むように並べられた椅子に座ります。椅子に囲まれた大きなスペースでは若い女性たちが、時々は年配の人や花嫁の母親、祖母なども、独特のステップで踊っています。ベリーダンスあり、エジ

新郎新婦

プト風ダンスあり、クウェートの伝統的なダンスあり。とてもセクシーです。

延々と踊りが続くあいだ、座っている客のあいだをカナッペやスナック、ちょっとした飲み物のサービスが回ります。給仕サービスをするのもカメラマンもすべて女性です。披露宴会場は女性だけなのです。

このように同じ結婚式でも男性側と女性側ではずいぶん様子が違うのです。

そしてクライマックスへ

そして宴もたけなわ、3時間以上過ぎた頃、新郎が男性親族に伴われて登場、クライマックスを迎えます（この前段階に、使者が結婚の色々な取り決め＝「契約書」を持ってきてまず新郎がそれにサインをし、そのあとに新婦側に持ってきて新婦がサインし、証人がこれを認めるという大切な儀式があるのですが、これは事前になされ、披露宴の場では省かれることも多い

新郎新婦と家族

ようです)。

「新郎が登場します」と告げられると、女性たちはいっせいにアバヤを頭からすっぽりかぶります。クウェートには普段からアバヤをかぶっていない女性もいて、その人たちはドレス姿のままですが、少数派です。この変化には非常に驚かされました。あれほどきらびやかだった女性たちが黒一色になってしまうのです。

新郎は舞台まで行き、壇上に新婦と2人で立ち、出席者に披露します。ケーキカットをしたりジュースを酌み交わしたり、儀式を一通り行って、新郎と新婦の退場となります。

ここまでざっと4時間はかかるでしょうか。たいてい夜8時からのパーティーで、終わるのは深夜、そして、ここから別会場に移動してビュッフェオープン、食事となります。主催者は大変だろうけれど、参列者も騒がしい会場に4時間以上、そして深夜にやっとありつける食事。慣れない者にとってはかなり疲れるものです。

子供のお祝い

日本にも「お七夜」「お宮参り」「お食い初め」といった子供のお祝いがありますが、家族の絆が強いクウェートでは、赤ちゃん誕生からさまざまなセレモニーが行われます。

プライベート産院

ベイビーレセプション

クウェートでは、多くの妊婦が無痛分娩をし、1～2泊で退院します。裕福なクウェート人の多くはプライベート産院で出産します。部屋はすべて個室で、まるでホテルのスウィートルームのような豪華さ。入院費もスウィート並みです。

昔は出産後40日間、自分の実家で過ごし、お祝いに来る客に応対をしていたのですが、最近のブームは、豪華な産院でお祝いに来る人をもてなす「ベイビーレセプション」です。

私がお祝いに訪れた産院のベッドは特注のベッドカバーで美しく飾られ、出産を終えた女性はどう見てもドレス姿。ネグリジェとは思えません。その女性はメイクもヘアスタイルもパーティーモードで、

ベイビーレセプションの行われた部屋

お菓子と廊下に並ぶ花

お七夜の様子

美しいベッドに横たわっている姿は出産直後とは思えずまるでお姫様のようです。さすがに、生まれたばかりの赤ちゃんが来るのは授乳のわずかな時間だけですが。

部屋の中の写真を撮りたかったのですが、その女性、母親や親族は結婚式同様、アバヤを着ていない姿を見られてはならず、撮影できませんでした。

写真はおもてなし用のお菓子です。部屋に置ききれない贈り物の花は廊下に並べられています。

エジプトスタイルの「お七夜」

クウェート滞在中、友人ファウジアの親族のエジプトスタイルのお七夜に招かれました。赤ちゃん誕生後7日目に行われ、セボウ（7日の意味）と言われます。実際に行うのは2週間目だったり、1か月目だったりするそうですが、自宅に招くのも大変なので、最近はベイビーレセプションの方が主流になっているそうです。

自宅で開催されたその親族のお七夜では、出産したばかりの母親がまるでパーティーに出るかのようなドレスで登場しました。出席者はエジプトの民族衣装を着て、部屋のデコレーションもエジプトスタイルでした。

赤ちゃんのドレスはファウジアの一人娘ザーラが着たものでした。イタリア製で1200ドルだったとか。

子供のお祝いいろいろ

初めて歯がはえた時、初めて歩き出した時にも、親族や近所の人を招いて、簡単なお祝いを開催します。こんな時には、ちょっとしたご馳走を準備します。集まった子供のためにはキャンディやお菓子を必ず用意するのです。

葬儀

イスラム教では、「死」は終わりではなく、現世から次の世界への「通過点」ととらえられています。「アッラーの最後の審判」を受けて、地獄へ行くのか、天国（緑園）へ行くのか決まるのです。

良い世界に行くためには、現世で善を多く成さなければならないのです。イスラム教で定められている、信仰告白、お祈り、喜捨、断食、巡礼（イスラムの五行）を行うことも当然それに含まれます。

死は通過点ですので、イスラム社会では火葬はされず、必ず土葬にされます。白い布で覆い（お棺には入れずに）顔をメッカに向けて埋葬されるのです。

弔問

日本の告別式にあたるものは3日間行われます。結婚式と同様、男女別になります。式が開かれてい

弔問の様子。コーランの抜粋を手に取って、静かに椅子に座っている。

る時間に、参列者がお悔やみを伝えに行きます。

会場には遺影も花も全くありません。大変シンプルです。親族が集まり、コーランが流されています。一般の参列者は親族への弔問の挨拶が終わるとすぐに退出しますが、親戚や親しい人はしばらくそこに座って慰めを伝えたり、知り合いと静かに話したり、親族同士挨拶を交わしたり、部屋に置かれたコーランの抜粋の冊子を静かに読んだりしています。

弔問では、外国人にアバヤを要求することはありませんが、クウェート人の多くは普段から首筋、手首、足首まで覆うアバヤを着る人たちですので、私も黒いアバヤとヒジャブ（スカーフ）を身に着けて出席するようになりました。アバヤはコートのようなものなので、その下に着るのは普通の服装で大丈夫ですから、かえって重宝しました。

コラム

クウェートの葬儀（埋葬）について

ムスリムが亡くなると土葬となります。これは最後の審判の時に魂が戻ってきて入る所（生前の肉体）をそのまま保存しておくためです。郊外の砂漠に土葬する場所があり、亡くなった人を次々と深く掘った穴に埋葬していきます。

男女は別々に葬られ、男性は女性の、女性は男性の埋葬場所に立ち入ることができません。一方、ムスリムであれば、生前の地位の如何にかかわらず、また国籍を問わず一緒に埋葬されます。

同じ時刻に何人かの人が埋葬されるのですが、いろいろな国籍の人が集まっていて、お祈りの後にお祈りの場所から布で巻かれた遺体をストレッチャーに乗せて埋葬場所まで皆が入り混じって担いで運んでいきます。

こうした風景を見ると、死んだ者は神の御前においては等しく扱われるのだというイスラム教の真髄を見た気がします。

第4章　クウェートの食事情

肥満撲滅のための歩こうキャンペーン

料理

クウェートの食卓

フブスのある食卓

フブスを売る店

毎日のように食べる豆料理

クウェートの主食は、丸く平たいフブス（パン）や、豆類、それと米です。フブスは窯焼きで、ピザのようにもちもちとしておいしいものです。豆料理はペーストにしたものや、煮たものなど、種類も豊富です。各地区にあるCO-OPのそばに、必ず専門店があります。豆の料理は、自宅で作ることも少なくありません。

クウェートのご馳走

お客様を招いた夕食の席には、マチブースと呼ばれる郷土料理が出されます。これは玉ねぎやナッツなどを混ぜこんでさまざまなスパイスを加えて炊き込まれたごはんの上に、揚げた魚か、羊、チキンを載せた料理です。これがクウェート人にとってはもっともご馳走なのです。

ところで、クウェート人は多くが外食を好んでいます。湾岸戦争後、アメリカから上陸したレストラ

マチブース

ンがショッピングモールに立ち並び、大変な人気です。ファストフードもあります。これがあまり運動をしないクウェート人の肥満の原因となっているようです。

ホテルなどで開かれるビュッフェ形式の食事はレバノン料理が多いですが、西洋料理も普通に並べられています。

食事の時間

クウェートでは、学校は午前7時から始まることが多いのです。子供たちは、朝食の後、ちょっとしたスナックを持参して終業の午後2～3時まで過ごします。

役所は午前8時始業、終業は午後3時頃となっています。民間、金融はまた違うらしいのですが。そのため帰宅してから午後3時頃にランチ、昼寝を経て、夕食は遅い時間からになります。

マンディという料理。とても時間と手間がかかる。子羊をぶら下げて大きな釜に入れ、ふたをして灰を載せ、蒸し焼きにすること数時間という、とても凝った料理。羊が驚くほど柔らかくなるご馳走だが、時間がかかるのでレストランではいただけない。

レバノン料理

ちょっと豪華な朝食。クウェートでは、料理はメイドが作る。豆のペースト、オリーブ、ピクルスなどが並ぶ。

コラム

クウェートの買い物事情

クウェートでは各地域に国営のCO-OPと呼ばれるマーケットがあります。クウェート人に雇われたメイドなどは、徒歩でこのCO-OPに行って日常の買い物をします。また、市の中心部には、主として欧米の外国人をターゲットにした高級スーパーもあります。

クウェートの買い物事情を語る上で欠くことができないのはモールです。モールには古くからあるものもあり、また規模もいろいろですが、最近できてなお増設中の「ザ・グランドアベニュー」が特筆されます。増築中のものも含め、全長2キロにも及ぶ湾岸諸国でも最大級のモールです。

全館冷房されていますので、暑い夏場は特にこの巨大モールによく行きました。さまざまな店があるばかりでなく、遊園地や映画館などもあるからびっくりです。

運動不足解消のため、巨大なモール内を往復している人も結構います。より規模が大きくて新しいモールに人々が集まるのは、日本と同じです。

にぎわうショッピングモール

ケータリング文化

　アメリカ系列のレストランやファストフード、日本料理店などがショッピングモールに並んでいるクウェートですが、食文化で特筆すべきなのは「ケータリング文化」です。

　ホテルでのパーティーの食事、会議などで会議場かそこから出たところに並べられている食事はケータリングが多く、ほとんどが立食または着席のビュッフェ形式です。ケータリングの中身は、規模や値段に応じてピンからキリまであります。

　クウェートでは家族や親族の集まりでも、クウェートト料理やパスタ、サンドウィッチなど、簡単なものを気軽にデリバリーにします。それに加えて、手作りの一品を持ってきたりすることもあります。もちろん、なかには手作りにこだわって、すべて自分で作る方もいらっしゃいますが。

　クウェート人のほとんどの家庭では、雇っているメイドも複数いますし、片付け、セッティング、配膳のボーイもいたり、その日だけ安く雇えたりもします。

　また、ガーデンパーティーなどで30～100人を招くときには、椅子、テーブルセット、皿、カトラリーすべてをセットしてくれて、完璧に片付けてくれるサービスが利用できます。これは多くのホテルやケータリングの専門業者がやっています。西洋料理、寿司、オードブル、デザートのケーキまで。各国料理を選ぶこともできます。

　親しい友人（奥様が英国人）の自宅で開かれたパーティーで、フランスのレストラン「フォション」からシェフごと連れてきて、チョイスまであるケータリングのフランス料理に出会ったのには驚きました。

クウェート人は時間を守る気がない、時間に束縛されないのが当然という国民性なので、ビュッフェが好きなのだと思います。そして「ケータリング文化」がクウェートに定着しているのは、何といっても安い外国人労働力があるからこそなのでしょう。

パーティー会場

ビュッフェ形式の食事

ガーデンパーティー

コラム

ケーキに入刀

クウェートでは、多くのレセプションや御祝事の際に、大きなケーキに関係者が一緒に入刀するという風習があります。日本での結婚式のような風景です。お誕生日を祝う時にも、ケーキの「キャンドルを吹き消す」ことよりも「ナイフを入れる」ことの方を行います。必ずしも共同でやらなくても良いということで、共同作業というところに力点があるのではなくて、「未来を切り開く」という点が重要と考えられているのです。

１００歳のおばあちゃんも入刀しますし、生後間もない赤ちゃんがドレスを着せられて親の手を借りながら入刀する様子を見ると、如何にこの習慣がクウェートの人々の間で重要な意味を持つのかが感じられます。

ケーキにナイフを入れる（上は100歳の女性の誕生日、右は赤ちゃん）

クウェートの野菜栽培

農園の入口

ビニールハウスの内部

クウェートは砂漠の国なので、食料品はエジプトなど近隣諸国からの輸入に頼っています。ただイラク国境近くには、政府が安く土地を譲り、補助金を出して農業を奨励している地域もあります。イラクのクウェート侵攻で荒れた土地に緑を植えることによって砂嵐などを防ぐ効果も大きいのです。年月をかけ土壌改良をして、大きな冷房ビニールハウス

収穫された野菜

農園主からいただいたクウェート産の野菜。箱に「Product of Kuwait」とある。

がつくられ農園が整備されて、インド系やエジプトからの安い労働力を使って野菜を作っています。ビニールハウスに冷房を入れるにはとてもコストがかかりますが、産油国であるクウェートでは電気代が安いうえに、土地も外国人労働者の賃金も安いからできるのでしょう。

冷房ビニールハウスの農園を一度訪問したことが

マーケットの様子。左下に売られているのは、クウェート産のコリアンダー。

あります。やはり夏はあまりにも気温が高くなるため、比較的冷房しやすい時期のみ使われているようでした。また、水は当初地下水を使う予定でしたが、石油が混じってくるので、現在では水道水を使っているそうです。日本では考えられないことですが。作物はパプリカ、ピーマン、ナス、キュウリ、トマトなど多彩ですが、繊細な葉物はやはり栽培が難しいようです。

CO-OPなどのマーケットでは、ほとんどの野菜や果物が世界中からの輸入の中、たまに安い価格で「地元産」の野菜が売られています。輸入品の方が品質は良いのですが、これも国による食料品への補助あっての価格なのでしょう。

デーツ（ナツメヤシ）

庭木や街路樹として植えられたデーツ

クウェートの夏は、気温が50℃にもなりますが、乾燥した砂漠の国のため、雨はほとんど降らず、湿度も低く、10％以下となることもあります。

西アジアで広く栽培されているデーツは、夏に収穫の時期を迎えます。デーツは庭に植えられていたり、並木にも使われていたりして、クウェートで一番よく見かける「木」です。ほとんど水遣りや手入れを必要とすることなく美味しい果実が収穫できる、砂漠という環境に強い貴重な植物です。

5月頃になると、緑色の小さい無数の実が確認できるようになります。それから4か月ほどかけて成長し、8月末から9月に食べ頃になります。必ず到来する砂嵐もデーツが熟するのに大切な条件と言う人もいますが、どうでしょうか？

お好み焼きでおなじみの、広島にある「オタフク

春のデーツ

袋がけされたデーツ

ソース」の会社ホームページによると、デーツはイスラム教の聖典コーランに「神の与えた食物」、旧約聖書には「エデンの園の果実」と記載されており、ハムラビ法典に書かれている果実もデーツであると言われているそうです。

デーツは、庭に植えてあるレベルなら住人でも収穫できなくはありませんが、かなり高いところに果実を付けます。そのため、デーツ職人（外国人労働者）を果実が大きくなり始めた頃に袋がけのために雇い、収穫の時期にもまた雇うことが多いようです。写真のように、大きな袋がぶら下がり、その中に沢山のデーツが実っているのを見かけます。

デーツの味の変化

クウェートのスーパーマーケットでは、8月末から9月にフレッシュデーツが並びます。大使館にも、おすそ分けとしてフレッシュデーツの贈り物がいくつか届きました。自宅の庭に実ったデーツをプレゼントし合うのがこの季節の習慣のようです。デーツは干して

フレッシュデーツの並ぶスーパーマーケット

ルタブステージのデーツ

タマールステージのデーツ

食べるのが一般的なのですが、フレッシュデーツはこの時期だけのお楽しみです。

フレッシュデーツは黄色でみずみずしく、りんごのような食感。それが茶色くなってくると、甘味が増してやわらかくなります。色が変わっていくのに合わせたようなデーツの味わいの変化も、この時期ならではのものです。

黄色、黄色と茶色が混ざったもの、茶色くなったもの。この3段階にはそれぞれ名前がつけられています。黄色をハラルステージ、2色状態をルタブステージ、茶色くなったものをタマールステージといいます。

デーツの食べ方

イスラムの国の人々はデーツが大好きです。特にラマダンの食事には欠かせません。ラマダンの断食の後、初めて口にするのはデーツと紅茶が多いと聞いています。

私の友人のクウェート人は、アメリカ滞在中にラマダンを迎えましたが、クウェートからお気に入りのデーツを持って行ったと言っていました。

熟成したデーツの味や食感は干し柿に似ているように思いますが、美味しいだけではなく、その豊富な栄養価も見逃せません。鉄分、カルシウム、カリウムなどのミネラルや食物繊維が多く含まれていて、昔から砂漠の遊牧民ベドウィーンの大切な食料でもあったのです。

クウェートでは、干したままのデーツ、つぶしてペースト状になったデーツがとても安くて、普段から食べられています。種を取って色々なナッツやゴマペースト、ドライアプリコットやいちじくをはさんだお洒落なデーツもあります。

デーツは、アラビックコーヒーと一緒によくサーブされます。カルダモンのきいたアラビックコーヒーととても相性が良いのです。また、ラバンというヨーグルトドリンクにつけて食べたりします。

苦い日本茶とも合うと思いますが、日本では、まだなかなか出会えないのが残念です。

先ほど「オタフクソース」のホームページの話をしましたが、なぜデーツの話が書かれているのでしょうか。実は、デーツはオタフクソースに使われていて、隠し味となっているそうです。以前、湾岸戦争でイラク産のデーツが品薄になった時に、オタフクソースが一時製造できなくなったことが話題になっていました。

アラビックコーヒーとホワイトコーヒー

アラビックコーヒー

このコーヒーはクウェートにあるコーヒーショップなどでは出会えませんし、食後に飲むこともないのですが、ウェルカムドリンク的な位置付けで出されることが多いようです。

色は黄色っぽく、一般的なコーヒーの色ではありません。カルダモンの香りが強くて、コーヒーとは程遠い味がします。初めはあまり好きではありませんでしたが、多くはデーツも一緒に回ってくるので、甘いデーツとアラビックコーヒーは良い組み合わせだとだんだんに感じるようになりました。

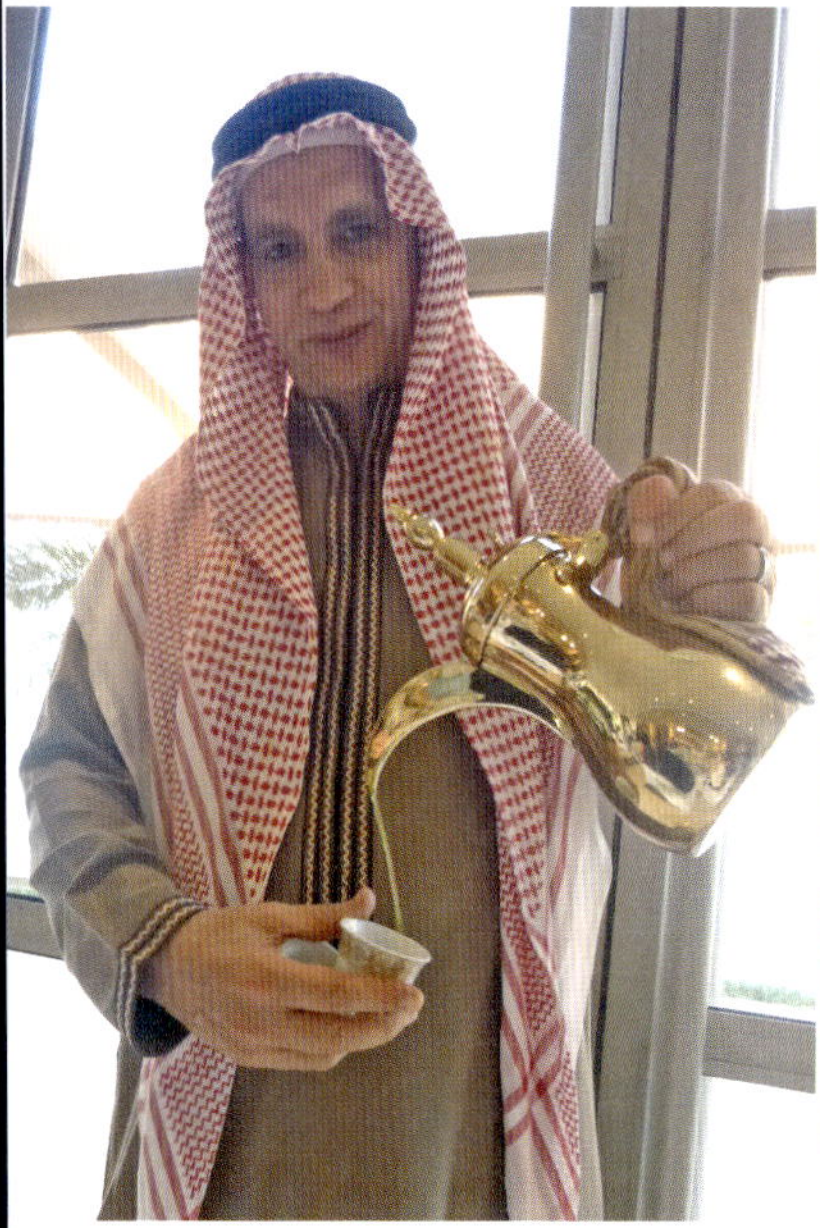

アラビックコーヒーを注ぐ

ポットと日本の「お猪口」のような器を持った男性がサーブします。金属の細長いポットを高々とあげて、糸のように注ぎます。飲むとすぐ次を勧めてくれます。断る時は、お猪口を左右に軽く振ると「要らない」というサインとなります。

コーヒー売り場では、粗くひいたコーヒーとカルダモンを混ぜたものが売られています。

ホワイトコーヒー

レストランで食後にホワイトコーヒーを注文している人がいたので、思わずカップの中を覗いてみると、透明なお湯。実はローズウォーターなのです。香り高く身体に優しいローズウォーターは、コーヒーの対極にあるかもしれません。

ローズウォーターもあまり好みの香りではなかったのですが、お菓子にも使われているので、出会うことが多く、だんだん馴染んできました。

ローズウォーターはバラの花弁を蒸留して抽出さ

れます。化粧水としても使われ、また香水としても好まれています。

クウェートの日本食

日本食レストランの天ぷら

揚げられた巻き寿司

2013年に「和食」がユネスコの文化遺産に登録されましたが、こちらでも日本食は大変人気があります。クウェート滞在時には、日本食レストランが次々と新規開店し、帰国する頃には40店舗ほどに達していました。

日本食レストランといっても、日本人が実際にやっているのは2~3店舗ほど。アメリカで人気の店の支店やアラブ首長国連邦（UAE）のドバイからの店が多く、本当の和食とは少し違います。

寿司は巻き寿司が中心ですが、クウェート人好物のマヨネーズがかかっていることも多く（カリフォルニアロール）、巻き寿司一本にそのまま衣をつけて、天ぷらのように揚げられているものに遭遇したこともあります。中身はエビフライや野菜、スモークサーモンなどで生魚はあまり使われません。寿司をインド人労働者が握っていたり、日本人経営者の店舗でもクウェート人に合うようにアレンジしたりしていることが多いのです。

日本食がブームになっているのは「和食」がヘルシーだからということだそうです。それ自体日本人として嬉しいことですが、「クウェートでの和食」を見ているとヘルシーな料理だとはとても言えないと思います。

大使館での寿司教室

アメリカから言語学の研究に来られていたカリフォルニア州立大学の関根繁子氏による寿司のレクチャー

日本食に人気があるのに、本格的な店があまりないことから、日本人によるシンプルで伝統的な「寿司クッキングクラス」を公邸で開催することにしました。

公邸料理人（日本人）が先生です。10～12人程度の小人数で、作り方の説明を受けた後、好きな具材で自ら巻き寿司を作ります。インド系の人などはベジタリアンも多いので、食材もそれに応じてキュウリなど野菜中心にしました。

公邸料理人（先生）の説明を聞く

巻き寿司をみんなで作る

巻き寿司をみんなで作る

できあがって、にっこり

最後に記念撮影

　事前に説明したにもかかわらず、ご飯がついた指を洗うために用意したフィンガーボールの水を海苔全体に塗ったり、ご飯や具を山ほど載せたり……。個性的で面白かったです。作った後は、和風のセッティングをして、味噌汁と日本茶と一緒にいただきました。

　このクッキングクラスは大好評でした。各国の大使夫人たちや、クウェート人女性を対象に始めましたが、大使自身やクウェート人男性の希望者もあり、今後の展開が楽しみです。

　やはり「和食」をよく知ってもらうためには食べてもらうことも良いのですが、作る体験をしてもらうことが重要です。

コラム

社会問題としての肥満

クウェートでは肥満が社会問題となっています。車での生活が中心となっていて慢性的に運動不足のところに西欧流のカロリーの高い食事をするためです。この傾向はとりわけ湾岸戦争後にアメリカのハンバーガーなどのいわゆるジャンクフード文化が輸入され広まったためと言われています。

もともとクウェートでは、例えば配偶者が肥っているのは生活が豊かなためで良いこととされ、また、男女ともゆったりとした民族衣装を着ているため、肥満が気にならないという文化的理由もあります。

一方、特に子供たちの肥満率は40％を超えており世界一。小児性糖尿病のリスクが高まるなど深刻な問題をクウェート社会に投げかけています。

ショッピングモールのファストフード店

第5章　クウェートの民族衣装

アバヤ（黒）を着た女性と、ディスターシャ（白）を着た男性

女性の民族衣装　アバヤ

アバヤを着る女性

多くのクウェートの女性は、アバヤという首から足元までの黒いワンピースコートのようなドレスを着ています。男性の着る足元まである白いディスターシャには宗教的意味合いはないのですが、このアバヤは宗教的意味合いも含んでいます。

コーランによれば、女性は人前（男性のいる前）で顔と手以外は出してはいけないことになっています。体型を隠し、手首、足首、首筋を覆う、長袖でゆったりとした服装がアバヤなのです。古いスタイルのアバヤは頭から（頭巾から）つながっていたのですが、今は頭にかぶるスカーフが別になっているものを多く見かけます。自宅に帰るとアバヤを脱ぐので、その下には普通に服を着ています。

肌を隠し、体のラインを見せない服装は男性の注意を惹かないようにするためのものです。コーランには女性は美しいところを隠すべきだとあるそうで

上段と下段の左半分がアバヤ専用の洗剤。男性の民族衣装ディスターシャ専用の洗剤も売られている（下段の右半分）。

アバヤショップ

す。彼女たちが髪の毛や肌を見せるのは夫や家族、同性の前だけなのです。

　アバヤは、綿とポリエステルの混紡のようで、シワがよらないやわらかい素材です。黒地のものがほとんどですが、刺繍がされていたり、縁取りがされていたりするなどファッション性もあります。アバヤショップにはデザインが施されたアバヤがたくさん並んでいます。

　また、スーパーマーケットの洗剤売り場には、アバヤ専用の洗剤が売られています。アバヤの黒い色が落ちない、特別なおしゃれ用の洗剤のようです。

アバヤと信仰

　サウジアラビアでは外国人も含むすべての女性に黒いアバヤとスカーフの着用が義務付けられていますが、クウェートでは女性の服装は自由で、外国人にアバヤやスカーフが強制されることはありませ

ベドウィーンの先生

西洋風の服装の女性

ん。また、西洋人と変わらぬ服装（ただし露出は少ない）をしているクウェート人女性も少なくありません。

家族（一族）での服装の縛りもあるとは聞きますが、アバヤを着るか着ないかは個人に判断をゆだねられるので、家族の女性の多くがアバヤを着用していても、1人だけ西洋スタイルのままという人もいます。また、アバヤを着ているから信仰心が強いというわけでは決してないそうです。

アバヤは私たちから見ると、おしゃれ度を抑え込んで不便そうにも思えるのですが、クウェート女性にとってはそうではなく、多くの女性は誇らしく着ているようです。それゆえ、小さな子供たちは早く大人になってアバヤを着たいと思っているのだそうです。

ベドウィーン女性の衣装

ベドウィーン（遊牧の部族民）の女性は、目の部分だけメッシュになっていて、あとはすべてを覆い隠すブルカ、あるいは目だけを出すニカーブを着ています。そのため、一見、誰なのかがわかりにくいことも確かです。

この写真は伝統織物を習っていた先生ですが、とうとう彼女の顔は分かりませんでした。写真を撮る時には目も隠してしまうこともあります。

女性の民族衣装　ダラー、ソーブ、ヒジャブ

ダラー

人前では黒いアバヤを着ているクウェート女性ですが、家で着るのは、ダラーという長袖のゆったりとした伝統的なロングドレスです。これは黒地に限らずさまざまな素材、柄、デザインがあります。

最近はダラーではなく、私たちが着るような普通の西洋風の服を着ていることも多いようです。クウェートでも、ショッピングモールには多くのブティックが並び、アバヤを着た人たちがショッピングを楽しんでいます。しかしそこで買ったおしゃれな服

ダラー

ヒジャブ

を着るのも、家族での集まりや女性だけでの集まりの時に限られているわけです。

ソーブ

お祝い事などの席では、ソーブという、透け感があり、金の刺繍や縁取りをしてスパンコールなどを散りばめた豪華な衣装を着用します。ソーブは大変華やかで、裾をひきずるくらい長くしたものもあります。

ヒジャブ

イスラム教は、宗教的に人前で肌や髪の毛を出してはならないことから、アバヤを着用せずに西洋風の服装をしている女性でも、ヒジャブというスカーフを頭に巻いている人が少なくありません。ヒジャブは黒だけではなく、服装に合わせてカラフルにコーディネートしています。ヒジャブの下には、髪の毛が出ないようにニットのキャップをかぶっています。ヒジャブは、子供から大人になった日から着用するのだそうです。

男性の民族衣装　ディスターシャ

「オバケのQ太郎」を思わせる格好といえば想像しやすいかもしれません。あるいは「アラビアのロレンスがハリス族の族長アリ（オマー・シャリフ）から贈られて着ていたあの白い衣装」といえば目に浮かぶでしょうか。

足元まである白いワンピースのような長袖の服装が、クウェート男性の民族衣装ディスターシャです。頭にはスカーフをかぶって、黒い二重の輪っかで止めています。

ディスターシャは民族衣装であり、フォーマルであり、カジュアルでもあり、通勤着でもある、大変便利な服装なのです。こちらに来てその良さや素敵さを感じました。アラブ人の顔立ちにとても似合っていて優雅で、皆、アラブの王様のように見えます。そして不思議なくらい清潔に着ているのです。折り目ははっきりしていて、シミもほとんど見たことがありません。

湾岸諸国の間でもデザインが多少違うのですが、クウェートのディスターシャはボタンダウンが特徴です。ボタンがウエストあたりまで付いています。夏は白やアイボリー、短い冬にはグレーや茶色、青など、色つきのディスターシャを着る人もいます。素材も冬はウール混紡になります。

ディスターシャを着た男性

右は冬物のディスターシャ。冬物には黒いものもある。左は上からビシュトを着ている。

オマーン人のディスターシャ。スカーフは柄物で、垂らさず、ディスターシャには衿がない。正装の際には小さなナイフを腰に付ける。

オガル（輪っか）とグトゥラ（スカーフ）。赤いチェックのグトゥラもおしゃれ。

ガフィヤ

クウェート男性のコーディネート

ディスターシャには両脇に大きなポケットがあり、そこには携帯、財布、ミズバハというお祈りに使う数珠などを入れています。ディスターシャの下には、半袖の白いシャツとステテコのようなコットンのズボンを着用します。

頭の部分は三つから成っています。まず頭に網（ネット）をかぶります。これをガフィヤと呼びます。スカーフが滑らないようにするためのものです。その上にグトゥラという四角いスカーフを半分に折って三角にして、両端が同じ長さになるようにして前にたらします。夏は白いスカーフ、冬には赤いチェックを使う人もいます。そしてその上に黒いオガルという輪っかを載せます。オガルは二重巻きになっています。

結婚式や式典といったフォーマルな時には、白いディスターシャの上にビシュトというお坊さんの袈裟に似た、透けた黒いコートのようなものを着ます。ビシュトは金色の糸で縁取りされていて豪華です。多くは黒ですが、茶色のものもあります。

ディスターシャを着た男性は一般的に時計以外のアクセサリーはせず、カバンなども持ちません。クウェートの男性はディスターシャを誇らしげに着ているように見えます。

英語の先生ファウジアの三男の結婚式。上からビシュトを着ている。

公邸での食事会の一コマ。黒いディスターシャを着ている。

コラム

メイド服

お金持ちのクウェート人の家庭にはほとんどメイドがいます。複数いることも少なくありません。また子供にはナニー（ベビーシッター）を雇っている人が多いです。

それぞれの子供に1人ずつナニーを雇う家庭もあります。メイドもナニーも住み込みで働いていることも多く、ショッピングや旅行にも同行します。

多くはインド系、フィリピン人などですが、彼女たちはナニー服を着ていることが多いです。

彼らの着ているナニー服は、私にはパジャマのように見えてしまいます。

お店で売られるナニー服

子供用の車を押すナニー

第6章　大使館の暮らし

カナダ海軍寄港セレモニー

大使夫人の仕事　公邸編

大使夫人の仕事はどんなものか、皆さんお知りになりたいでしょうか。私の例をお知らせしましょう。とはいえ、あくまでもクウェートに赴任していた3年間の私の仕事内容であり、大使館や大使によって、またその時代によって、大使夫人が行う仕事はそれぞれ異なるものになります。

公邸の管理をする

クウェートの日本大使公邸のスタッフは、日本から帯同した日本人の公邸料理人のほか、現地スタッフであるバトラー、ボーイ、メイド、プライベートで雇った運転手の計5名でした。公邸料理人以外は、皆インド人です。インド人のボーイのみが通いで、他の4人は住み込みです。もちろん、居住階は私たちとは別です。

スタッフにいろいろと指示し、日々の公邸の管理を行わなければなりません。最初は苦労しましたが、だんだんインド人の話す英語にも慣れ、コミュニケーションが取れるようになりました。皆真面目で、信用できる人たちだったのは幸いでした。

公邸のスタッフたち。上段は左から運転手、大使館のボーイ、バトラー。下段は左からバトラー、ボーイ（全員インド人）。

公邸のダイニングルーム。写っているのはインド人バトラーのフランシス。

設宴

月に2回くらいのペースで、公邸で設宴していました。その場合、公邸のダイニングルームで、12人ほどの着席スタイルで行うことが多かったのですが、それはお客様に伝統的な和食を味わってほしい、そのためには12人程度がサービスの限界であったこともあります。

この12人の着席ディナーは、以下に書くように大変準備に手間がかかります。これに対してビュッフェ形式で大勢のお客様を招くこともあり、こちらの方が準備はずっと楽でした。

12人の着席スタイルの設宴の場合、招待客の母国同士に問題がある場合は同席を避けなければなりません。また、楽しい食事にするには招待客の相性も関係します。外交団を招待する場合、そんなことも考えなければなりませんでした。

食物アレルギーの有無、ベジタリアンかどうかの確認も必要です。クウェートにはベジタリアンのインド人も多く、また、イスラム教徒独自の食べ物の決まりなど、気遣うことは少なくありません。

また、クウェートはお酒禁止の国ですから、酒類の販売は一切なされていません。しかし、大使館だけは別ルートで入手できるのです。招待客がクウェート人だけの場合はお酒を出さないこともありました。でも実際には、お酒好きのクウェート人もいます。

テーブルプランを考えるのも、結構難しいことです。私たち夫婦はホスト、ホステスとして長方形のテーブルの中央に向かい合って着席します。その直近がメインのお客様の席となりますが、お客様が外交団の場合は年齢や外交官のキャリアの長さではなく、その国への着任が古い順に着席することとなります。

クウェート人はこの着席形式には向いていないのです。じっと着席する食事は好きではなく、時間的にも空間的にも自由なビュッフェ形式のパーティーの方を好みます。もちろん招待すれば付きあってはいただけますが。

シェフ（公邸料理人）との料理の打ち合わせも重要な仕事です。できるだけ現地の方々に受け入れてもらいやすい「和食」を心掛けました。シェフもいろいろと工夫してくれて、めったに手に入らない和

和牛のしゃぶしゃぶ

花の用意

牛をタイのバンコクまで行って調達し、しゃぶしゃぶをメニューに加えることができました。クウェートでも和牛のしゃぶしゃぶは好評でした。

　このほか、花の用意もしなければなりません。食卓のテーブル花のほかに、サロンのテーブル、トイレにも花を生けました。花はインド人が経営する店に買いに行っていましたが、バラなどは10本以上の束で販売しています。クウェートでは、花の多くはオランダ中心に近隣諸国からも輸入されていて、種類も豊富でした。

大使夫人の仕事　クウェート人や外交団との交流編

ポップカルチャーのイベントでのコスプレ

ＩＷＧでの活動

大使夫人の一番大切な仕事は、任地の人々と交流することです。その重要な舞台となったＩＷＧ（International women's group meeting）は、毎月第１日曜日の午前中に開催されていました。

ボランティアのクウェート人の実業家、教育関係、その他ハイクラスの方と大使夫人の代表が幹事となり、すべての大使夫人がメンバーです。この会では、講演会や文化紹介行事、チャリティー活動などを行っています。

外交団との交流

クウェートには大使館が１００以上あり、外交団レベルでの交流も盛んです。ヨーロッパ諸国ばかり

クウェート政府と日本人会共催の海岸清掃。別名「亀作戦」（海亀が戻ってこられるような美しい海岸を取り戻そうという意味）。

でなく、アジアやアフリカ諸国でも大使館レベルでさまざまなイベントが開催されます。

それぞれのナショナルデイのレセプションのほか、各国の文化を紹介するイベントがあったり、演奏会や特産品の販売が行われたりと、実に多種多様な催しがかわるがわる行われていました。

大使と共に参加する行事

大使（夫）と一緒に、大使館が主催して行う文化イベントのほか、クウェート人の若者グループが行うポップカルチャーのイベント、各国行事への参加もします。また、海岸清掃活動や日本人会主催による日本語スピーチコンテストにも参加しました。

クウェートの要人がお亡くなりになった場合には、そのお悔み（コンドレンス）に大使と参りました。夫婦一緒の時もありましたが、たいがいの場合は、男女別々の場所に赴きました。

クウェートの友人や大使夫人たちとの個人的な交流

大使夫人たちとのプライベートなお付き合いも盛んです。ヨガ、ブリッジ、麻雀、ズンバクラスなど、さまざまな催しがかなり盛んに開かれていましたし、大使が帰任したり着任したりすると送別会や歓迎会が行われることも数多くありました。

天皇誕生日のレセプション

毎年12月に日本のナショナルデイとして行われる天皇誕生日のレセプションは、1年を通じて最も規模が大きく重要なイベントです。大使館、大使公邸のスタッフ全員が1年かけて準備すると言っても言い過ぎではありません。

多くの国のナショナルデイのレセプションがホテルで行われるのに対して、日本は公邸で行い、しかも寿司や天ぷらなど人気の和食が提供されるとあって、人気の高いレセプションの一つになっています。毎年招待者を絞るのに苦労するのですが、いつも公邸のそれほど大きくないレセプションスペースが５００人ほどのお客様でぎゅうぎゅう詰めになってしまいます。

クウェート政府高官の主賓がやってきて、ケーキカットの儀式を終えると、待ちかねたように皆さん飲み物と和食を楽しまれます。ほうっておくといつまでも宴会が続くので、2時間くらい経ったところで、レシービングラインを作り、照明を少し落として片づけを始めます。それでもなかなか帰らないお

レセプションでスピーチをする大使（夫）

レセプションでのケーキカット

客様もいますが、日本のような「締め」を行うことはありません。

首相のクウェート訪問

2013年8月末に、安倍首相のクウェート公式訪問がありました。まだクウェートに着任して1年も経たない内に、このような事を経験できるとは思っていませんでした。首相に任国に訪問していただけることは大変光栄ではありましたが、準備に当たる日々がラマダン（2013年は7月9日～8月7日）やラマダン後のイードの休暇と重なってしまいました。

夫をはじめ、大使館員は週末も夏休みも返上して、その調整や準備のために大変忙しい日々を過ごしておりました。ラマダン中はイスラム教の人たちは勤務時間も短縮なのです。これは日本大使館の現地スタッフも同様です。日が昇っている間は、水さえも

協力覚書の署名式。安倍首相とジャービル首相の立会いの下に、大使（夫）とクウェート側の各大臣が署名したときの写真。

口にすることは許されないので、すべてがスムーズに動かないのです。

首相の到着する1週間前には近隣諸国の大使館から大使館員が応援出張で20人以上入って来ましたが、それでも100人以上の首相一行のお世話をするのは大変だったようです。

大使館や応援部隊挙げての苦労の甲斐もあり、首相の訪問により両国の関係にとって大きな成果を上げることができました。「国家開発計画への協力」と「教育科学分野での協力」という二つの協力覚書を締結することができました。

クウェートを日本の首相が訪問したのは2度目で、前回は2007年でしたが、やはり安倍首相の時でした。首相の訪問をきっかけに、クウェートと日本の関係が、ますます深まり発展することを願っています。

天皇誕生日レセプションが新聞に載る

第7章　クウェートと日本

日本食レストランの開店記念レセプション

クウェートと日本の絆

クウェートは1961年に独立しましたが、直ちにすべての国が国交を結んだわけではありません。その中で、日本はいち早くクウェートと国交を結んだ国の一つでした。

独立前の1950年代からクウェートの石油開発権を得ていた日本の国策会社であるアラビア石油との関係が深かったこともその大きな要因です。日本は独立当初からクウェートの建国に深くかかわってきました。特にインフラ整備に大きな役割を果たしてきており、今でも1970～80年代に日本企業の手によって作られた発電設備がクウェートの人々の生活を支えていることは前にも述べた通りです。クウェート国内では、ソニーやパナソニックなどの日本のブランドも有名です。

1990年の湾岸戦争で、その様相が一変します。3000人あまりいた在留邦人や100を超えていた日本の企業はクウェートから撤退し、再び元に戻ることはありませんでした。現在在留邦人の数は約200人にまで減っていますが、近年再び増加に転じてきているのが希望の灯です。

総じて、年配のクウェート人は建国時の絆から、また、若者たちはアニメなどのポップカルチャーを通じて日本に親近感をもっていただいています。有難いことだと思っています。

震災への最大の支援国

2011年3月11日の東日本大震災に対し、クウェートは500万バレルの原油（当時で400億円相当）の提供をいち早く決めました。これは国としての支援では世界最大です（アメリカが260億円、台湾が200億円、カタールが80億円）。

クウェートがこのように大きな支援を決めたのは、建国以前からの日本との深い経済関係、アラビア石油による石油開発協力や、日本が道路整備や発電所建設などのインフラ整備に協力したことがあります。

また、クウェートにとって日本は長年最大の石油輸出先であったこと、1990年のイラクのクウェート侵攻の際に軍隊を送れない日本は多国籍軍への協力などで1兆円を越える拠出をしたこと、湾岸戦争後にイラクが残した機雷除去のためにペルシア湾に派遣された自衛隊の掃海艇が、命がけで航路の安全を確保したことなどに対する、強い感謝の気持ちもあったようです。

震災のちょうど1年後の2012年3月には、国賓としてクウェートのサバーハ首長が日本を訪問し、震災によって大きな被害を受けた「アクアマ

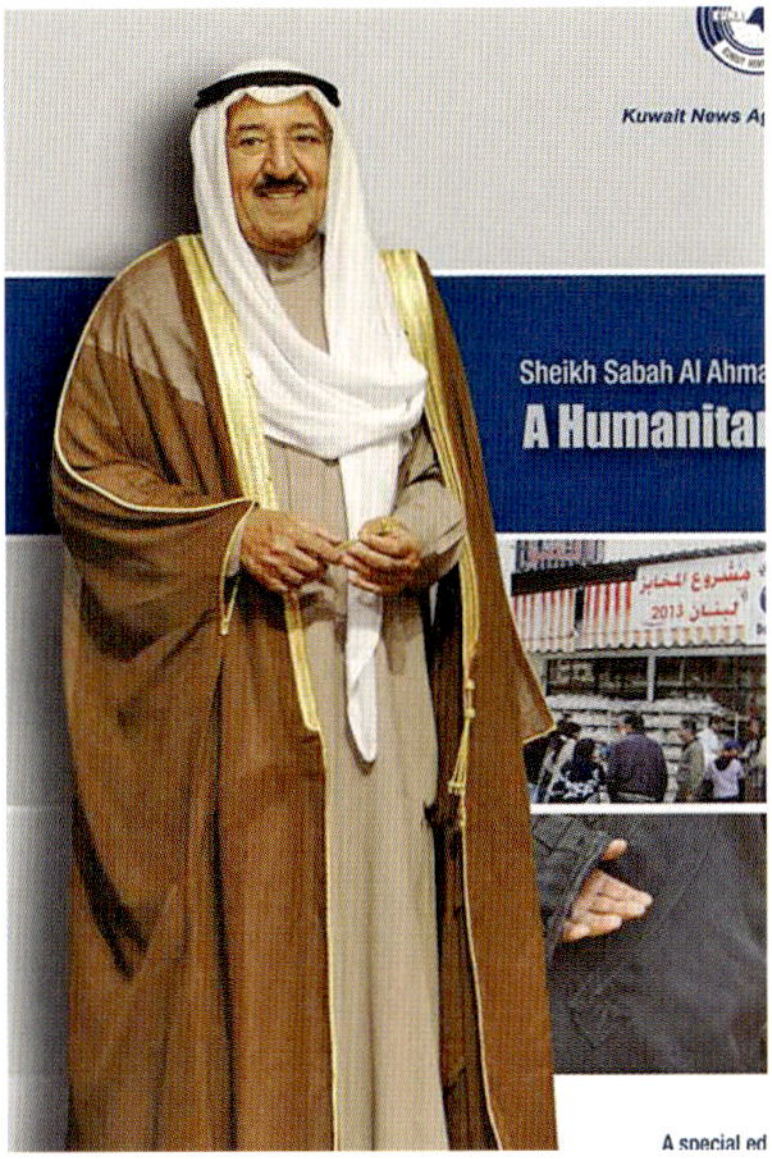

サバーハ首長

リンふくしま」の復興と科学技術の振興のために、３００万ドルの寄付を発表しました。アクアマリンふくしまでは、復興の第一弾として、「クウェート・ふくしま友好記念日本庭園」が竣工しました。これは、さまざまな自然環境を体験できるエリアを再現しようという里山プロジェクトの一環です。

サバーハ首長がアクアマリンふくしまに寄付を決めたのも、安部義孝館長が、かつてアラビア石油によって設立された「クウェート科学研究所」で研究員を務め（１９６８〜６９年）、日本のさまざまな施設との学術交流の橋渡し役として大きな貢献があったということによるものです。

日本への信頼

イラクの侵攻で撤退を余儀なくされた日本企業がなかなか戻ってこない現実は残念に思います。一方、クウェート人の日本へのイメージは大変良好です。こちらが日本人だとわかると、「日本人は好きだ」と言われることが多く、日本の技術への信頼と日本人の誠実さ、礼儀正しさへの評価だと感じ、嬉しく思います。

クウェートでは日本車が人気です。前にも書いたようにレクサスはメルセデスやＢＭＷを引き離し、ラグジュアリーカーの40%のシェアで、第1位の座を占めています。カメラ、電化製品も人気です。品質やデザインの良さが評価されているからです。

日本の文化　日本食とポップカルチャーと

日本料理店で出される「なんちゃって寿司」とお味噌汁

クウェートでは日本食が人気で、日本食レストランが40店舗くらいあることは前にもご紹介しました。そこで食べられているのは、ほとんどが「なんちゃって」に属するかもしれません。「ヘルシーだから大好きだ」と、マヨネーズやあんかけがトッピングされたお寿司を美味しそうに食べています。

日本文化といえば伝統的なお茶、生け花、着物、寿司が頭に浮かびますが、今やクウェートの若者にとって、日本はアニメ、ポップカルチャーの国です。フィギュア展示やコスプレ、ゲーム関係のイベントなどは、クウェート人の若者が独自で主催し、私たちがゲストで招かれるほどの盛り上がりとなっています。日本語を学ぶクウェートの若者も多いのですが、きっかけの多くが日本のアニメからで、ポップカルチャーは日本が誇れる文化になっているようです。

コラム

クウェートの鷹狩

クウェートにも鷹狩が日本と同じような形で残っています。ただし、こちらでの「鷹狩」は「鷹」ではなくて、鷹より少し小ぶりの「隼」(はやぶさ・ファルコン)が用いられます。これも、狩猟をなりわいとしていた砂漠の民の伝統文化の一つとして残っているものです。

大きなパーティー、とりわけ屋外で行われるテントパーティーでは、隼ショウが行われます。日本の鷹匠と同じような人がいて、私たちにも隼を持たせてくれます。良く躾けられているので腕に乗せても安全ですが、飛び立つときにはその勢いにびっくりさせられます。

このような隼はショウだけではなく、実際にそれを使った猟が行われています。

サバーハ首長は高齢ですが、今なお、ラマダン後のイードの休暇の最初1週間はモンゴルの別荘に行って、鷹狩ならぬ隼狩を楽しんでいます。

米食、テントの中で座って食べる習慣、習字などと並んで、このような猛禽類を使った狩りも日本文化との共通性を感じさせるものです。

ファルコンを持ってみる

写真ページ

第1章　砂漠のテントでの宴会（刀の踊り）

第1章　400mを超えるクウェート最大のアルハムラタワービル

第1章　ライトアップされたクウェートタワー

第1章
イラク国境付近から
南に延びる送電線

第1章
テニスデービスカップ（クウェート・タイ戦）

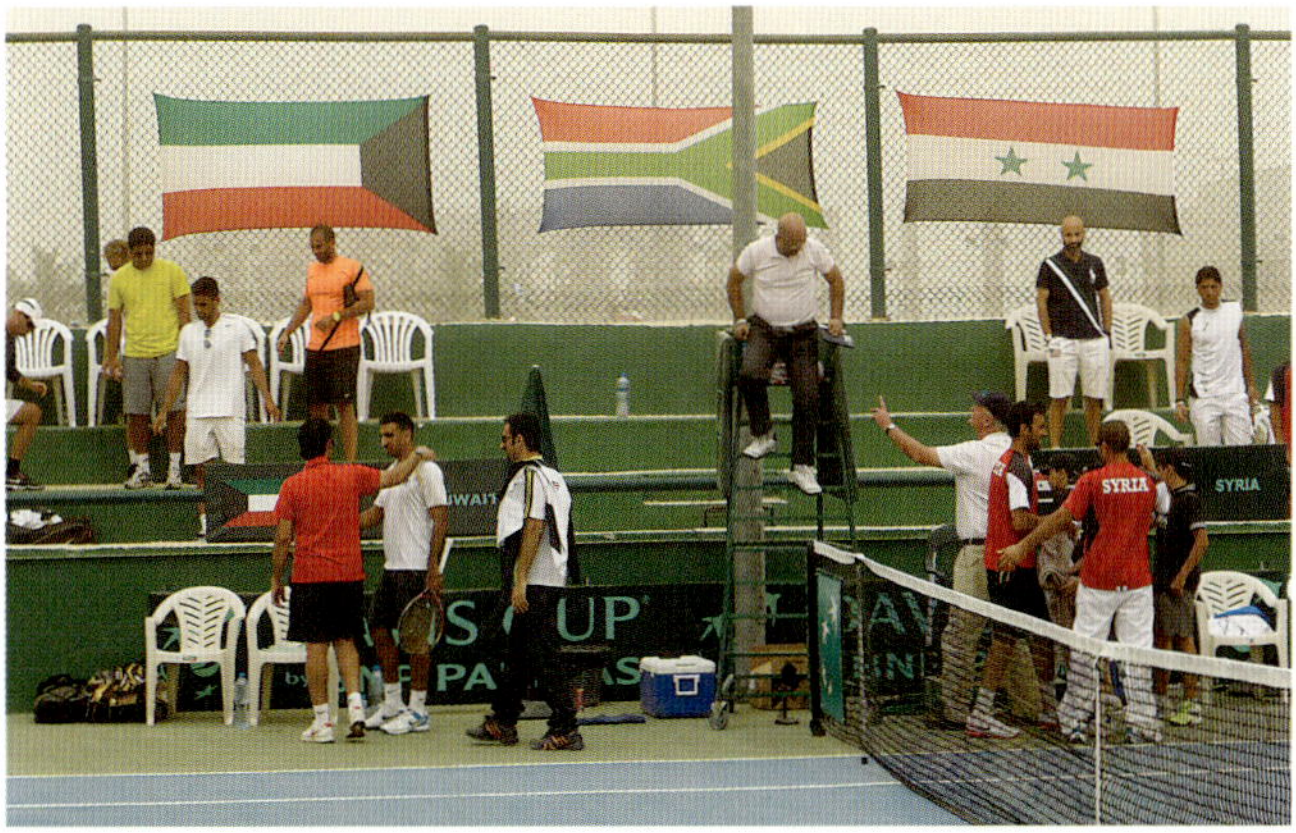

第1章
テニス大会も砂嵐が
来てはお手上げ

第1章　隼を手に持つクウェート男性

第1章　クウェート人の男の子たち

第3章　親友だったクウェート大学のファウジア部長（右）とスヘイラ教授（左）

第6章　マンデラ元大統領の弔問（南アフリカ大使館にて）

第5章　和服を着た現地の女性

第6章
ブータン王国のナショナルデイ（民族衣装がなんとなく日本的）

第6章
ミャンマーのナショナルデイ（帽子が可愛い）

第6章
アフリカの大使夫人たち

第6章
ローマ教会枢機卿のクウェート訪問への表敬

第6章
クウェート人を招いた公邸での夕食会

第6章
剣道のデモンストレーション

第6章
公邸での日本の習字のワークショップ

第6章
卓球湾岸ツアークウェート大会（向こう側が福原愛選手）

第6章
服部真湖さんによる和服ショウ

第6章
ＩＷＧメンバーとの
昼食会

第6章
しゃぶしゃぶは人気
メニュー

第6章
日本人会運動会（もちろん室内）

第6章　インド人経営の花屋

第7章　クウェートで売られていためずらしいハート形の日本産スイカ（1個35,000円）

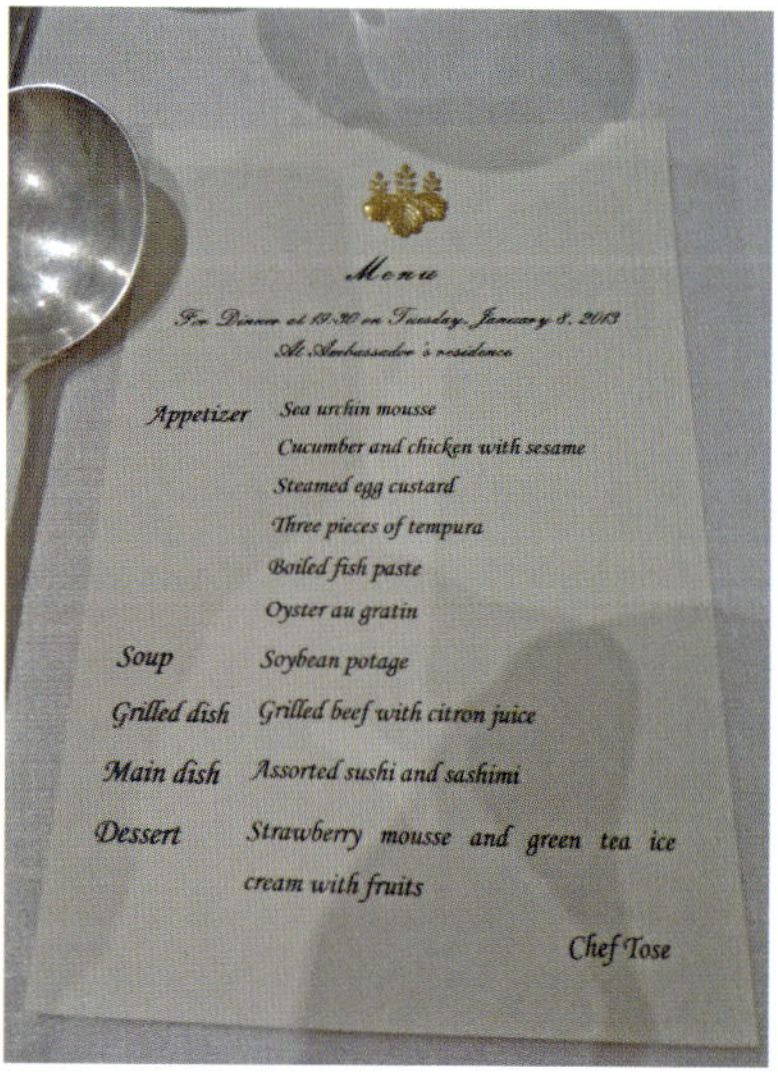

第6章　招待客用のメニューカード

第7章　クウェートに出現したキティちゃんレストラン

第7章　クウェートを訪れたレバノン元首相一行と著者

おわりに

3年間の夫のクウェート勤務を終え、2015年10月、帰国しました。

砂漠特有の気候や激動する中東情勢（シリアの混乱、赴任直後に台頭したISISの問題）などの中、夫には在クウェート特命全権日本大使として、大変な3年だったかと思いますが、自分のキャリアを生かし無事任務を全うできましたことを私は嬉しく思います。

それも在クウェート大使館員、外務省の多くの関係者、公邸スタッフをはじめ多くの人々のサポートのおかげと心から感謝いたしております。

私にとりましては初めてのイスラム社会、砂漠の上の国での生活は興味深く、多くの国々が主催するイベントに参加させていただき、さまざまな文化に触れさせていただきました。

クウェートは小さな国ですが、大使館の数は大変多く、また、世界中から出稼ぎに来ている人がいて、改めて世界には多くの国、民族が存在し、それぞれに文化や宗教を持っているのだと実感しました。

初めは私の英語力では何を話しているのか分からず泣き出したいことも多くありました。語学の上達は残念ながら劇的ではなかったものの、いろいろな国の人々と交流して、心を通わせた瞬間は宝物です。

日本のさまざまな文化行事、また大使館の新たな取り組みとして寿司教室も開催しましたし、日本映画鑑賞会、服部真湖さん（和服と日本舞踊）、林田宏之氏（ファイナルファンタジー映画作者、2015年8月急逝）、市口桂子さん（イタリア在住の漫画家）をお迎えしての講演、ワークショップ、クウェート政府の招聘による裕人礫翔氏（京都西陣の金箔工芸家）の個展開催などがありました。

クウェート政府と日本人会の共催で毎年行われる海岸清掃、天皇誕生日のレセプション、自衛隊記念日のレセプションも印象深いものでした。日本語スピーチコンテストも、日本人会、クウェート大学、大使館の協力により1年に1回開催しました。また、公邸にさまざまな国の方をお招きし、シェフの工夫こらした和食を盛り込んだメニューを楽しんでいただいたことなど、ひとつひとつが良い思い出です。

クウェートには、クウェート人の倍以上の外国人労働者が働いており、多くのシリア系の人々も滞在しています。既に退職した夫の元秘書もアルメニア系シリア人でしたし、顔なじみのクウェートタイムズのカメラマンのジョセフも家族をシリアのアレッポに残して出稼ぎに来ていました。家族に会いにアレッポに帰ると聞くたびに本当に心配したものです。家族は一度ヨルダンに疎開したそうですが、うまくなじめずまた危険なアレッポに戻って生活を送っているとか。彼らの祖国の混乱を思うと胸が痛みます。紛争はシリアだけではありません。その後悲惨なテロがあちこちで勃発しています。

世界中の混乱の地に平穏な時が訪れることを切に願います。

クウェートでの3年間を通し、シャイで閉鎖的なクウェート人の家族の中の行事に参加させてもらい、また多くを教えてくれた、ファウジア（クウェート大学工学部教授）、スヘイラ（クウェート大学事務局部長）に心から感謝するとともに、彼女たちとの友情をこれからも大切にしたいと思います。

特にファウジアは、毎週の聖なる金曜日の家族での集まりの合間に、2時間、3時間と、英語もまともに話せない私に、イスラム文化の資料を準備してくれました。自分自身が深く信仰しているイスラム教、そしてイスラム教がその中心に存在する家族の形態、さまざまな行事、自分たちの「食」「文化」、クウェートの歴史や女性史を、机の上ばかりでなく、普通なら他人が入り込めないような家族の行事にも招いて教えてくれました。また、デール・カーネギーの『人を動かす』を一緒にじっくり読んで、それについて話し合いました。リチャード・テンプラーの『The Rules of Life』は１０１の簡単なルールが書かれたものでしたが、本当に素晴らしいそれらのルールを読み込みました。やはり同じリチャード・テンプラーの『The Rules of Parenting』も読みました。子育てに関する本ですが、もっと早く読んでいればと思いました。

　ファウジアは仕事、家事、付き合い、親族のまとめ役などに多忙な人ですが、私の英語のレベルを念頭に置いてこれらの本を選んでくれました。クウェートには書店がほとんど存在しないので、隣国のアラブ首長国連邦のドバイから多くの本を取り寄せ、あるいはイギリスやアメリカに出かけた時に買い込み、夕食後は読書のために1時間を確保していたという話です。

　年下なのに、心広く尊敬できる素晴らしい人でした。

　私の滞在中、クウェート大学に1年間言語学の研究に来られていたカリフォルニア州立大学の関根繁子氏に出会い、多くの行事のサポートもしていただきました。特に寿司教室でのパワーポイントを使ったレクチャーは、参加者の寿司の知識を深めるとともに、日本文化への興味も高めました。多くのこのような出会いに感謝しています。

辻原恵里子

あとがき

妻恵里子が病に倒れ、約2年の闘病を経て、この1月に亡くなってから早いものでもう秋風が立つ頃となりました。クウェートに私とともに赴任して以来、クウェートのことを勉強して、日ク両国の相互理解のために何か役に立ちたいと常々言っておりました。そうした思いから、日本の親しい友人らに「クウェート通信」という名前を付けて、定期的にメールを送っていました。

そのことが、幼馴染でもある日本文教出版株式会社（日文）の佐々木社長のお目に留まり、中学校の地理の教科書や小中学校の社会科教員向けの広報誌に一部取り上げていただく幸運に恵まれました。

またこの度は、教科書や広報誌に掲載されていない「クウェート通信」の文章や、帰国後講演依頼を受けて作成したクウェートの情報などを日文の再度のご厚意により整理・編集していただいて一冊の本にまとめさせていただくことができました。

日文の佐々木秀樹社長並びに拙文の整理・編集で大変ご苦労をお掛けした編集部の岩井順一さん・乾充さん・谷﨑可菜子さんに改めて故人の分も含めて御礼申し上げます。

また、いろいろな情報を提供していただいたファウジアさんやスヘイラさんなどのクウェートの友人たち、さらには当時クウェート大学に研究員として招聘され、現在はアメリカの大学で日本語言語学の教授・学科長として活躍されている関根繁子さんにも改めて妻恵里子へ賜りました生前のご厚誼に感謝しつつ、この本を贈りたいと思います。皆様本当に有難うございました。

平成29年秋

前クウェート特命全権大使　辻原俊博

著者プロフィール

辻原恵里子（つじはら えりこ）

1956年4月23日　大阪生まれ

大阪市立大学文学部英文学科卒業（美術史専攻）

横河ヒューレット・パッカード株式会社に勤務の後、

辻原俊博と1982年結婚

1985年から1988年まで夫の勤務に伴いフランス国パリに赴任

2012年から2015年まで夫とともにクウェートに赴任

2017年1月17日東京にて死去

中東《ちゅうとう》の国《くに》　クウェートへ
～しんまい大使夫人《たいしふじん》の目《め》から見《み》たクウェート～

2018年（平成30年）1月22日　初版発行

著　　者　辻原恵里子《つじはらえりこ》
発 行 者　佐々木秀樹
発 行 所　日本文教出版株式会社
http://www.nichibun-g.co.jp/
〒558-0041　大阪市住吉区南住吉4-7-5　TEL：06-6692-1261

デザイン　仁井谷伴子

印刷・製本　河北印刷株式会社

ISBN978-4-536-60102-3